U0826539

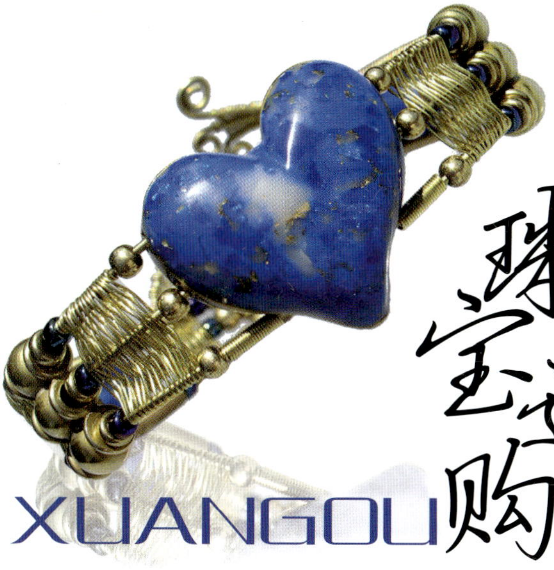

珠宝选购

XUANGOU

中国地质大学出版社有限责任公司
ZHONGGUO DIZHI DAXUE CHUBANSHE YOUXIAN ZEREN GONGSI

图书在版编目(CIP)数据

珠宝选购/肖秀梅,刘道荣编著—武汉:中国地质大学出版社有限责任公司,2012.5

(非常宝贝系列)

ISBN 978-7-5625-2885-2

Ⅰ.①珠…

Ⅱ.①肖…②刘…

Ⅲ.①宝石-选购-基本知识

Ⅳ.①F768.7

中国版本图书馆 CIP 数据核字(2012)第 107505 号

珠宝选购(非常宝贝系列)　　**肖秀梅　刘道荣　编著**

责任编辑:江楚　　选题策划:薛大桥　　责任校对:张咏梅

出版发行:中国地质大学出版社有限责任公司　　邮编码编:430074
(武汉市洪山区鲁磨路 388 号)
电话:(027)67883511　　传真:67883580　　E-mail:cbb @ cug.edu.cn
经销:全国新华书店　　http://www.cugp.cug.edu.cn

开本:787mm×960mm 1/16　　字数:147 千字　　印张:7.5
版次:2013 年 1 月第 1 版　　印次:2013 年 1 月第 1 次印刷
印刷:武汉中远印务有限公司

ISBN 978-7-5625-2885-2　　定价:30.00 元

如有印装质量问题请与印刷厂联系调换

前 言

随着人们的生活逐渐富裕，温饱得以解决，人们开始追求美和健康。珠宝首饰的美丽是不容质疑的，用珠宝首饰来美化生活已经成为时尚，选购珠宝首饰的人越来越多。但随着科技的发展，宝玉石作假的手法越来越高明，甚至从事多年的业内人士都可能被蒙蔽，很多消费者和收藏爱好者即使喜欢但也苦于相关知识和经验的欠缺而不知从何下手。为了让广大消费者和收藏爱好者在购买宝玉石时少花冤枉钱、少走冤枉路，我们将多年的鉴定经验和在市场上常常遇见的问题经过筛选、整理编写成书，尽可能全面、系统地提供普通消费者所要了解的内容。但要真正掌握鉴定方面和收藏方面的知识，还需要大量的实践，多学习、多看，掌握一些珠宝知识，知道真假珠宝的区别，懂得什么是质量好的珠宝。此外，为了使心爱的珠宝能够长久保存，学会如何保养也是非常重要的，以免买了珠

宝却由于保养不当而给自己造成不必要的经济损失和精神伤害。

本书在编写过程中得到天津珠宝街、天津地质研究院珠宝鉴定部的大力支持，在此一并表示感谢。

编者

2012 年 2 月

目录

宝贝词典

包体： 又称包裹体，是指在宝石矿物生长过程中被包裹在其内部的液体、气体或固体物质，这些物质和主体有明显的界限。根据包裹体的种类、形态和数量的多少，可判定宝石的产出环境，从而来鉴别宝石的品种和真伪。

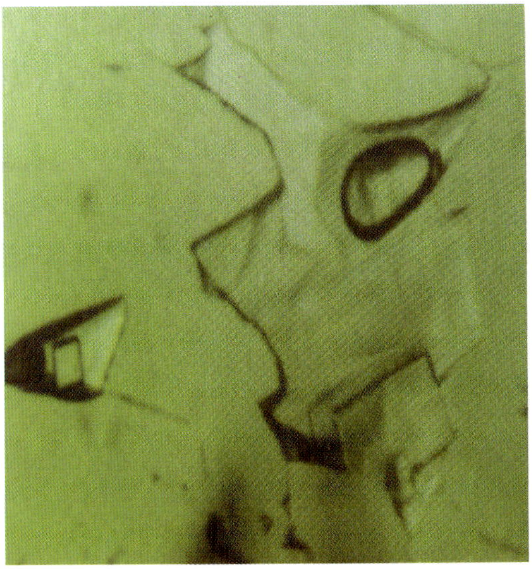

祖母绿中的气、液、固三相包体

水晶中六射星状发晶包体

参差状断口（和田玉）

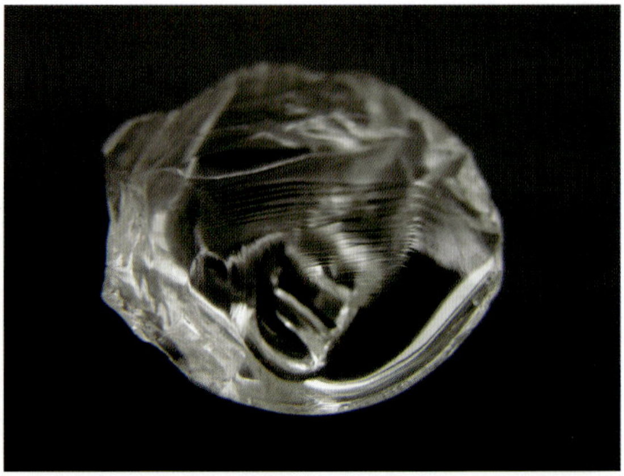

贝壳状断口（水晶）

断口：是宝石受外力打击后在任意方向破裂并形成的各种凹凸不平的断面。单晶体宝石为贝壳状断口，玉石为参差状断口。

多色性：指从不同方向看宝石呈现不同颜色的性质，有二色性和三色性之分。多色性强的宝石其多色性凭肉眼便可看出，只有非均质的彩色宝石才具有多色性。多色性弱的宝石其多色性则需借用二色镜观察。

光泽：指宝石表面对光线反射的一种能力。常见光泽有金刚光泽、玻璃光泽、蜡状光泽、树脂光泽、丝绢光泽和油脂光泽等。如钻石是金刚光泽，琥珀是树脂光泽，碧玺是玻璃光泽，绿松石是蜡状光泽，

蜡状光泽（黄色蜜蜡手串）

玻璃光泽（绿色碧玺雕件）

金刚光泽（钻石）

树脂光泽（琥珀《寿星》）

虎睛石是丝绢光泽。可以借助灯光或从窗户投进来的光线看宝石表面反射的强弱以鉴定其光泽。宝石中最强的光泽是金刚光泽。

火彩：又称火，是指白光射入宝石后，经反射或透射出宝石时，因组成白光的每种光波以不同角度折射使光分解，从而显现出光谱的色彩。宝石的颜色、透明度、纯度、琢型、抛光、切工等都会影响宝石的火彩。

解理：是指宝石在外力（如敲打、挤压）作用下，严格地沿着一定结晶方向破裂成为光滑平面的性质，它是宝石固有的性质。其实没有施加外力时，解理就已经存在，只是没有表现出来而已。宝石根据裂开由易到难的程度依次可分为完全解理、中等解理、不完全解理、无解理。萤石是完全解理，长石是中等解理，橄榄石为不完全解理，水晶是无解理。解理发育的宝石在加工时有一定的讲究，如托帕石有平行底面的完全解理，在加工时就要避免平行底面方向的刻面，否则刻面会出现粗糙的现象。解理也可以作为宝石的鉴定依据。

丝绢光泽（虎睛石手串）

矿物：是指地壳中存在的自然化合物和少数自然元素，具有相对固定的化学成分和性质，都是固态的无机物。矿物是组成岩石的基础。

不完全解理（橄榄石晶体）

中等解理（天河石）、无解理（烟晶）

完全解理(方解石)

矿物根据化学成分分为单质和化合物。单质是由同一种元素的原子自相组合而成，如钻石；化合物是由多种元素组成的，如红宝石、蓝宝石、碧玺等。

矿物的韧性：是指宝石抵抗打击、撕拉、破碎的能力，它和硬度是两个概念，不过人们常常将它们混淆。例如，钻石是世界上最硬的物质，但钻石的韧性却很差，在加工时很容易破裂；和田玉硬度小，但韧性好，一般不易损坏。

晶体：是指具有格子构造的固体。其内部的原子或离子在三维空间作周期性规律排列，具有整齐规律的几何外形、固定的熔点、各向异性的特点。

双晶：是指两个或两个以上同种晶体以一定的对称规律形成的规则连生。在构成双晶的两个单晶体间，相应的面、棱并非平行，但借助反映、旋转或反伸操作后，使两个个体彼此重合或平行。双晶分为接触双晶、聚片双晶、穿插双晶和轮式双晶等。

显晶质、隐晶质：大多数宝石都是单个晶体，如所有彩色宝石。但玉石是多个矿物晶体聚集在一起组成的。我们肉眼可分辨的矿物单晶体称为显晶质。一些矿物晶体极小，甚至在普通的显微镜下都无法看清楚矿物的颗粒，则称为隐晶质。

晶面： 自然界的矿物常常形成一定的形状，有平的面、直的棱。这平的面就叫晶面。

均质体与非均质体： 非均质体是指在宝石的不同方向光学性质不同；均质体是指宝石在各个方向光学性质相同。

摩氏硬度（H）： 宝石的硬度是宝石抵抗其他物质刻划和磨蚀的能力。测试硬度的方法有两种，一种是绝对硬度，一种是相对硬度（又称摩氏硬度）。绝对硬度测试比较复杂，我们通常检验的硬度都是宝石的相对硬度。

珠型（珊瑚戒）

相对密度（比重，SG）： 宝石重量与同体积水的重量的比值。不同的宝石有不同的密度值，因此密度是鉴定宝石的主要物理常数之一。由于宝石的绝对密度测量十分复杂，而相对密度的数值和绝对密度数值十分接近且容易测定，故被用来代替绝对密度的测定。

穿插双晶（紫晶）

折光率（RI）： 又叫折射率，是指光线由空气射入宝石晶体并产生折射现象，其入射角正弦与折射角正弦的比值。均质体宝石因各向同性，只有一个折射率；非均质体宝石则有最大和最小折射率，其差值叫双折射率(DR)。

琢型： 宝石被切磨和加工成的形状。由于宝石的品种多样，所以加工的款式也多种多样。根据外部特征主要分为弧面型、刻面型、珠型。弧面型的特点是宝石至少有一个弯曲面；刻面型的特点是宝石由许多具有一定几何形状的小面组成；珠型的特点是宝石整体是一个简单的形状，根据形态有球形、腰鼓形等。

弧面型（阿卡红珊瑚坠）

刻面型（绿色碧玺坠）

宝贝检测工具及其使用方法

放大镜：作用是帮助我们观察肉眼看不到的物体，如宝石内部的包裹体、裂纹、解理、色带，宝石的磨工、外部损伤等。专用的宝石放大镜是由凸透镜和凹透镜组成，其中由一对凸透镜和凹凸透镜粘合组成的三组合镜最好，不仅图像不变形，而且无彩色边缘现象。放大倍数有10倍、20倍、30倍等，倍数越大对焦越难。10倍放大镜是鉴定宝石的必备用品，而且携带方便。

使用时，宝石、放大镜、眼睛三者尽量靠近，然后慢慢调节焦距直到看清宝石内、外部的特征为止。

火彩检验：检验火彩不用特殊的光源，以能直接在自然光下观察清晰为好，如果

放大镜

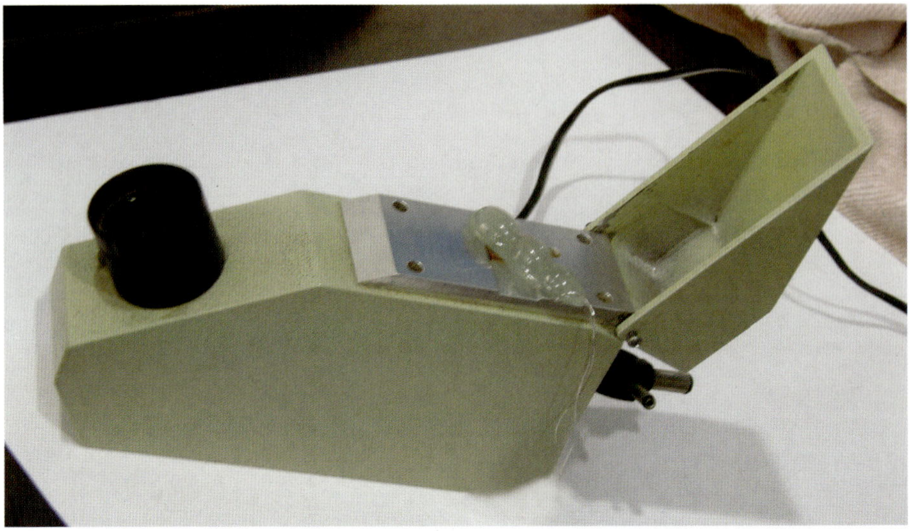

折光仪

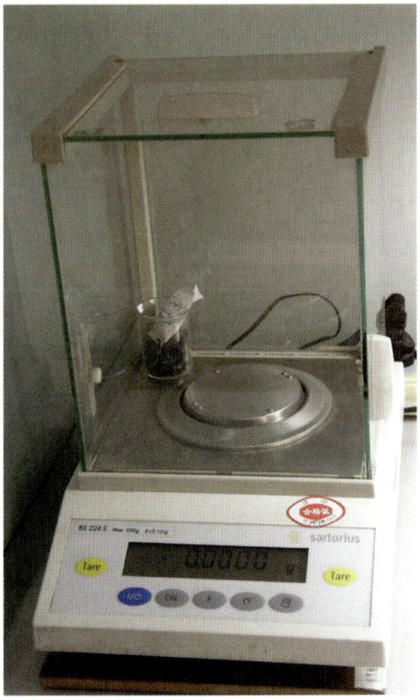

电子天平

在强光下才能看到宝石的火彩，则说明宝石的切工不理想。

观察特殊光学效应一般需要用到手持的聚光手电。

折光仪（折射仪）：是测定宝石折光率的仪器。折光率也叫折射率，是宝石重要的光学常数，每种宝石都有一个相对稳定的折射率，是鉴定宝石的主要依据。

有两种方法测试宝石的折光率，一种是点测法，用于测弧面型宝石或无大的刻面的宝石的折光率，误差比较大，要有一定经验的专业人员才能测试准确。另一种是刻面法，用于测量刻面宝石的折光率，这种方法比较准确。使用时，在折光仪上滴一小滴折射油（如果测量的是刻面大的宝石，滴的折射油的油滴大小以直径 2mm 为宜；如果是弧面型的宝石，油滴大小以直径 0.5mm 为宜），然后观察折光仪内部的明暗交界线的刻度值，该值即是所测量宝石的折光率。

折光仪最大只能测到 1.81。

折光仪本身自带光路，只要插上电源就可以了，不用特殊的光源。

相对密度（比重）仪：是测量宝石的相对密度的仪器，由电子天平、烧杯、支架等构成。在宝石学中，用电子天平测定宝石的相对密度的方法也叫静水力学法。具体的方法为：先用天平测出宝石在空气中的重量，再测出其在水中的重量，然后将测得的值代入如下公式进行计算。

$$\text{宝石的相对密度} = \frac{\text{宝石在空气中的质量}}{\text{宝石在空气中的质量} - \text{宝石在水中的质量}}$$

摩氏硬度计：是反映宝石软硬程度的指标。测试硬度的方法有两种，一种是绝对硬度测试，一种是相对硬度测试。绝对硬度测试比较复杂，我们通常检验的硬度都是宝石的相对硬度，即摩氏硬度法，这个方法比较简单易行。摩氏硬度计以 10 种矿物作为标准，按软硬程度由低到高依次为滑石(1)、石膏(2)、方解石(3)、萤石 (4)、磷灰石(5)、正长石(6)、石英(7)、黄玉(8)、刚玉(9)、钻石 (10)。这 10 种矿物只表示硬度的相对大小，各级之间的差异不相等。如金刚石比刚玉高 150 倍，比石英则高1000 倍。

使用时，用这 10 种不同的物质分别刻划你所要检测的宝石，观察宝石上面是否留有划痕，如果有，说明宝石的硬度小于该硬度计的硬

1 滑石

2 石膏

3 方解石

4 萤石

5 磷灰石

6 正长石

7 石英

8 黄玉

9 刚玉

10 钻石

二色镜

度，否则宝石的硬度大于该硬度计的硬度。然后再换一个更小（更大）的硬度计进行测试，直到确定为止。但有时为了使用的方便，通常用以下几种常用的物质来替代摩氏硬度计：指甲（2.5）、铜针（3）、窗玻璃（5～5.5）、刀片（5.5～6）、钢锉（6.5～7）。

二色镜：用来观察宝石的多色性。二色镜是一种结构合理、价格便宜的光学仪器，外形为长约6cm的圆柱形金属管，管的一头是目镜，内装一块冰洲石制成的棱镜。冰洲石的双折射率大，它能把穿过宝石的两束平面偏振光区分开来，然后将这两束光线的颜色并排地排列。

使用时，要不断地转动宝石或两色镜，看二色镜的两个小窗口的颜色是否一样，颜色不一样说明宝石有二色性。被检测的宝石必须是单晶有色宝石，玉石不能检测。观察时要注意，不要把不同颜色的色块当做多色性，要多观察几个方向，避开色块，直至确定为止。有的宝石的多色性非常强，直接用眼睛就可以看到，如碧玺。

认识珠宝玉石

珠宝玉石是什么？确切地说，其实就是石头。只是她们或稀少，或高洁，或坚固……因此才有了“十五座城池换一块和氏璧”、“宁为玉碎，不为瓦全”、“钻石恒久远，一颗永流传”的佳话。

珠宝玉石大家族

珠宝玉石在我国也称为宝石，根据我国现行珠宝行业国家标准，珠宝玉石是指一切经过琢磨、雕刻后可以成为首饰或工艺品的材料，是天然珠宝玉石和人工宝石的统称。

红碧玺项坠

红宝石戒指

镶钻蓝宝石戒指

天然珠宝玉石

天然珠宝玉石是指自然界产生的经过琢磨、雕刻可以用于首饰或工艺品的材料，包括天然无机宝石、天然有机宝石和天然玉石。

天然无机宝石：矿物单晶体或双晶，主要品种有钻石、红宝石、蓝宝石、祖母绿、金绿宝石、碧玺、海蓝宝石、尖晶石、石榴石、水晶、长石、橄榄石、托帕石、坦桑石等。

琥珀桃摆件

天然有机宝石：部分或全部由有机质组成，主要品种有珍珠、珊瑚、琥珀、象牙、玳瑁、砗磲等。

天然玉石：矿物集合体，少数为非晶质体，主要品种有翡翠、和田玉、岫玉、独山玉、玛瑙、玉髓、青金石、孔雀石、绿松石、苏纪石等。

人工宝石

人工宝石是指完全或部分由人工生产或制造，用作首饰及装饰品的材料，包括合成宝石、人造宝石、拼合宝石和再造宝石。

合成蓝宝石

合成宝石：是指完全或部分由人工制造且自然界有已知对应物的晶质体或非晶质体，其物理性质、化学成分和晶体结构与所对应的天然珠宝玉石基本相同。

拼合石榴石

人造宝石：人工制造的而且在自然界无已知对应物的晶质体或非晶质体。如人造钛酸锶，到目前为止，在自然界还没有发现这种物质。

拼合宝石：指由两块或两块以上材料经人工拼合而成，给人以整体感觉的宝石。如常见拼合欧泊，上面为玻璃，下面为欧泊，中间用树脂粘合，但外观是一块完整的宝石。

再造宝石：通过人工手段将天然珠宝玉石的碎块熔接或压结成具有整体外观的珠宝玉石。常见的再造宝石有再造琥珀。

不论是再造宝石还是拼合宝石，其目的都是为了充分利用天然的宝石材料，这两种宝石外观都很美丽，但是在价格上比纯天然的宝石要低。

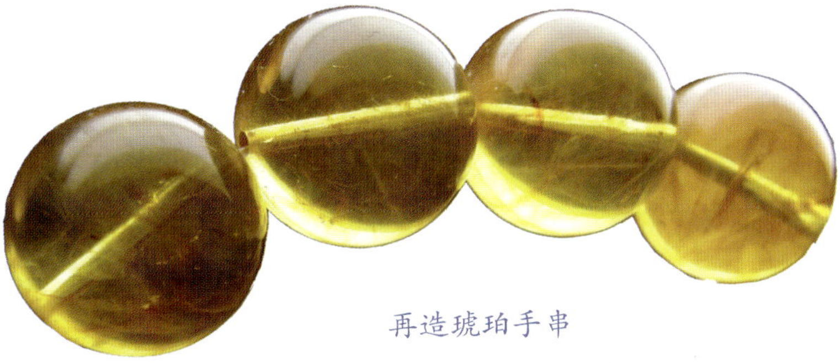

再造琥珀手串

珠宝含情

宝石是大自然造就的瑰宝，人类又把宝石作为文化的载体一代一代地传承到今天，它不仅给人们的生活带来无与伦比的美，而且给人们带来了生活的希望和寄托，以至于人们在生活中用宝石来传达感情和意愿。

生辰石

1月生辰石——石榴石，象征贞操、友爱、忠实

2月生辰石——紫水晶，象征诚实、心地平和、善良、平安吉祥

3月生辰石——海蓝宝石，象征沉着与勇敢、幸福和长寿

4月生辰石——钻石，象征贞洁与纯洁、爱情长长久久

紫晶戒面

蓝宝石戒面

绿松石珍珠胸花

5月生辰石——祖母绿，象征美好、幸福、幸运

6月生辰石——珍珠、变石、月光石，象征健康长寿、荣华富贵

7月生辰石——红宝石，象征热情、仁爱、尊严

8月生辰石——橄榄石，象征夫妇幸福与和谐

9月生辰石——蓝宝石，象征忠诚和坚贞

10月生辰石——欧泊、碧玺，象征希望和安乐

11月生辰石——黄玉（托帕石），象征友情、友爱、希望、洁白，又作为结婚16周年的纪念宝石

12月生辰石——锆石、绿松石、青金石，象征胜利，是成功的保证

婚姻纪念石

15 年婚姻——水晶婚
25 年婚姻——银婚
30 年婚姻——珍珠婚
35 年婚姻——珊瑚婚
40 年婚姻——红宝石婚
45 年婚姻——蓝宝石婚
50 年婚姻——金婚
55 年婚姻——祖母绿婚
65 年或 75 年婚姻——钻石婚

蓝色托帕石坠

宝石颜色的象征意义

红色——活力、健康、热情和希望
黄色——温和、光明和快活
绿色——青春、和平和朝气
蓝色——秀丽、清新和宁静
紫色——高贵、典雅和华丽
白色——纯洁、神圣和青春
金色——光荣、华贵和辉煌
橙色——兴奋、喜悦和活泼、华美
青色——希望、坚强和庄重

镶钻祖母绿坠

橄榄石戒面

欧泊戒面

八千年来，先人们凭借他们的智慧创造了内涵深邃的玉文化。中国玉文化就是中华民族由远古至今以玉为载体所创造的物质财富和精神财富的总和。

中国玉文化大致经历了神玉、王玉和民玉三个阶段。

祭天祭地祭神祖——神玉阶段

由于我们古代的先民们对生、老、病、死以及其他的自然现象理解不了，于是想象出超人类、超社会、超自然的一种神灵，并认为是神灵操控着人类的一切。他们相信，玉可上达天地鬼神，是至坚、至宝、通灵之物，只有族群里少数头面人物如族长、祭师才有资格佩带

玉猪龙（新石器时代）

《望子成龙》(鼠为龙之前身)

和田糖玉《马上封侯》

并使用它制作“祭器”，祭拜神祖。他们相信，天是圆的，地是方的，于是琢制出圆璧与方琮，拜天神用圆形玉璧，祭地灵用方形的玉琮；他们相信，氏族远祖的生命是由上帝创造，受神灵保护，于是在玉器上雕琢出想象中神祖的形貌，刻绘出极具深义的符号，以礼拜之，希望通过玉器特有的质地、造形、花纹与符号，产生感应的法力，与神祖沟通，汲取他们的智慧，获得福庇。

玉玺传国——王玉阶段

玉石质地高雅，被视为圣洁之物，是权利和吉祥的象征。传说远古时代黄帝分封诸侯的时候，就以玉作为他们享有权力的标志。以后，

玉琮（新石器时代）

许多帝王的“传国玺”也都是玉做的。商朝使用墨玉牙璋来传达国王的命令。春秋战国时期，赵国的国王得到一块非常珍贵的玉石“和氏璧”，秦王知道后，许诺以十五座城池来交换，足以令今人咋舌。

君子比德于玉——民玉阶段

中国人的至圣先师孔子为玉赋予了人性之美，几乎让一块温润的石头成为做人的最高境界，提倡“君子比德于玉”的观念。先人们认为玉有仁、义、智、勇、洁的君子美德。君子无故玉不离身。儒家将一些传承自原始宗教的文化成分道德化、人格化、生活化，于是佩玉之风大盛。汉代崇玉，追求长生不老的观念深入人心，生者佩玉、食玉；亡者裹玉、填玉。甚至在帛画、墓砖上，都饰以玉璧图像。圆璧有助于灵魂通天的观念此时发挥到极致。中华民族这种崇玉、敬玉、爱玉的情结，明清时期比汉唐时期有过之而无不及。玉的典雅和圣洁，征服了一代又一代中国人，尊玉、爱玉、佩玉、赏玉、玩玉、藏玉是当前社会玉石爱好者的真实写照。

镶嵌宝石玉如意

中国珠宝玉石市场

中国珠宝市场真正的产生和发展得益于中国的改革开放。

1986 年，在全国掀起了黄金购买潮，黄金在供不应求的情况下价格持续上涨。

1990 年，珠宝首饰进入中国市场，打破了黄金首饰一统天下的局面，但当时的珠宝首饰主要以人造、合成珠宝首饰和中低档天然宝石首饰为主。

和田碧玉《老少同乐》

1993 年以后，随着国内经济的发展，钻石、红宝石、蓝宝石等高档珠宝首饰开始进入市场。之后有十年时间，钻石独霸中国珠宝天下。

从 2003 年开始，翡翠、和田玉在中国珠宝市场中的份额逐渐提高。这两年，珠宝市场极其繁荣，翡翠、和田玉占领了市场半壁江山。

在人们传统的理念中，珠宝一直都是富贵、吉祥之物，佩戴珠宝能够避邪、治病、保平安，除了美的因素外，还有护身的功用；相爱的男女也把珠宝作为信物互送，寄以爱情、幸福、长久的含义。这在很大程度上影响了中国珠宝购买者的消费，珠宝由过去的以佩戴为主，转向了多种方式的消费，把玩和收藏珠宝玉石已经成为一种流行趋势。收藏珠宝是一种投资，可以保值、增值，又可以佩戴、把玩，使人们得到精神和文化的享受。

新疆华凌和田玉市场

三色翡翠耳坠

选择适合自己的珠宝玉石

当我们走进华美的珠宝店，在琳琅满目的珠宝饰品面前，究竟该如何选择一款适合自己的珠宝呢？选购珠宝饰品首先要根据自己的目的、经济状况来考虑：有的人购买珠宝是为了增值；有的人是为了送礼；有人是为了装饰；有人是为了收藏；有人是为了满足祝福的心理……在此基础上，再根据个人的年龄、性别、性格、修养、外形、季节等来选择适合的珠宝饰品。

为了增值，当然要选择高档的、质量好的宝石；送礼就要选择有意义的纪念石；收藏就要选择一些高质量的而且要有一定块度的宝石；装饰用就要选择款式新颖、外观美丽的珠宝，不一定要求质量有多好；满足心理需要的就要根据自己的祈盼选择一些有某种特殊意义的宝石。繁多的宝石品种和丰富的颜色，再加上传统的雕刻，一定能有一款珠宝满足你的需要。

年轻人一般喜欢款式时尚的，变化多样的，因此应选择一些低档宝石，这样可以满足不断变换的需求。有一定经济实力的人士可以选择一些贵重的珠宝，如钻石、红宝石、蓝宝石、祖母绿、金绿宝石、翡翠、和田玉等。这样既可以彰显个人的品位，同时也可以作为保值、增值的物品。夏季可以选择浅色的首饰，如钻石、珍珠、水晶或串珠状首饰；在冬季则可选择颜色艳丽的首饰，如红宝石、蓝宝石、祖母绿等。

琥珀《连年有余》

由于人们的生活水平、文化素养、

兴趣爱好存在差异，见仁见智，不能一概而论，要综合各种因素后作出选购何种珠宝首饰的决定。

珠宝玉石销售中的造假惯用伎俩与防范对策

（1）造假惯用伎俩

市场繁荣、科技发展使造假手段提高，珠宝玉石市场猫腻现象也屡见不鲜，以假充真、以次充好、名称不规范、价格虚高等现象很普遍。

鉴定证书

常见的一些作假手法有：用碳化硅仿冒钻石；用人工合成的立方氧化锆仿冒钻石；用水钻等含混不清的名称冒充钻石；用B货和C货翡翠冒充A货翡翠；用石英岩染色、水沫子甚至用玻璃来假冒翡翠；用和田玉山料冒充籽料，用碳酸岩玉、石英岩玉、玻璃等仿冒和田玉；用人工宝石、玻璃仿冒天然宝石，或用一些处理的手段使废物变宝；一块翡翠小挂件，便宜的可能只有几十元，贵的几千万甚至上亿，不规范的商家虚高价格，然后以1～2折销售。

（2）防范对策

钻石、红宝石、蓝宝石、祖母绿

索要权威机构鉴定证书。这里特别强调，需要选择权威鉴定机构，具有CMA（中国计量认证）、CNAS（中国合格评定国家认可委员会）和CAL（质量监督授权认证）认可和认定标志。如果在国外购买，有国外的鉴定证书，最好在国内再次鉴定，因为国外鉴定证书的真假难辨。

如何看懂鉴定证书也是非常重要的，鉴定证书主要是看鉴定结论，如果结论那一栏只有宝石的名称，没有任何修饰

语，那一定是天然的宝石（玉石）。如果宝石名称前面有修饰语，如“合成”、“充填”或其他任何名称都不是天然宝石；如果在结论的后面括号中有“充填”或“处理”字样，也说明不是纯天然的珠宝玉石。

应通过正规渠道购买，正规的商店具有质量信誉和品牌效益。

家人和信得过的朋友如果在珠宝行业工作，可以寻求他们的指点和把关。

购买前学习一些珠宝知识，了解相关珠宝简易鉴定方法。

最忌讳的珠宝购买渠道是在旅游点购买，假货多，价格欺诈多，很难维权。

翡翠兰花摆件

金缕玉衣（汉）

珠宝首饰佩戴

根据珠宝装饰用途的不同，常见的珠宝饰品主要有首饰品、艺术品。

首饰品 原指头上的饰物，在头、手、颈、耳上的饰品，现指人们身上佩戴的饰品。种类较多，如手镯、手串、挂件、挂坠、戒指、耳坠（环）、项链、佛珠等。

艺术品 以造型艺术为主，包括大、中、小件，而且有一定形象纹饰和观赏价值。艺术品有摆件、把玩件等。

戒指

椭圆形蓝宝石戒指

心形蓝宝石戒指

戒指的款式有单颗粒镶、群镶、包边镶、爪镶。所镶的宝石叫做戒面，戒面有刻面的，也有弧面的，款式层出不穷。现代戒指的款式有大方简约型、豪华富丽型、极具个性的艺术型、花形。豪华款戒演绎高贵熟女，主要由单粒色彩艳丽的宝石再配镶钻石，以K金或纯金做底托镶嵌。大方简约的几何型戒体现简约精致的整体造型，细看之下，每颗宝石的切割面都拥有美丽的光彩，透出一股温婉动人的气质。单粒镶的戒指突出单个宝石的特点。艺术型戒是一种夸张型的戒指，有个性的人常选择这一种。花形戒，宝石可多粒群镶成各种花形或各种几何图案等自然造型，桃形、心形或小花造型是最典型的淑女款。

选购戒指时，手指较短的人最好选择戒面比较修长的戒指，并且要对称性好，如较修长的橄榄形、梨形或椭圆形，这样可以弥补手指短小的缺陷；手指修长的人应选择戒面为粗线条的款式，如方形、橄榄形等，更能突出手的秀美；手指较粗的就不能选择过大的戒指。

戒指不能随便戴在某个手指上，而是有讲究的。戴在食指上，表示求婚；戴在中指上，表示已在恋爱之中；戴在无名指上，表示已订婚或已结婚；戴在小指上，表示目前是单身。

项链

佩戴项链可彰显出女性的迷人和妩媚风姿。从古至今，宝石项链的种类繁多，有用金、银镶宝石的项链、串珠项链、垂饰项链，还有

翡翠项链

蓝宝石项链

可以绕脖几圈的长项链和箍在脖子上的短项链等。珠状项链是当今市场的主流饰品，珠粒形状奇特，有菠萝状、灯笼形、足球形，串串项链异彩纷呈。镶宝石项链色彩艳丽、质量好，以黄金、白银、白金镶嵌高质量的宝石精制而成。长项链和箍在脖上的短项链多由珍珠、珊瑚、琥珀、水晶和玉石制成。垂饰项链是在链子上再悬挂一个挂坠，这种项链在玉石中多见。

佩戴项链已成为一种时尚和社交需要。根据自己的脸形、个性及服装选购与个性品位相称的项链至关重要。人的脸面处于人体所要美化的中心部位，正因为如此，服装的领子款式、项链的长短粗细，对于塑造人的脸形来说非常重要。项链在改变脸形、颈部和创造其效果方面有一定的作用。对大多数女性来说，短项链会使脸显得稍宽，脖子显得稍粗。所以，脸稍长或脖子稍长的女性佩戴这种项链比较好。然而，同时佩戴多串项链时应注意，因为这有可能使长而瘦的脖子太显眼。一个圆脸或脖子稍微粗短的女性戴上一串长项链，或里面配上一串较细小的项链，或坠上一颗心形坠，会使人感到脸部被拉长，从而产生一种和谐的平衡。椭圆形脸蛋的人无论佩戴哪种项链都会显得更有魅力。

挂件、胸坠

挂件是加工成各种图案的挂饰。每一个图案都有一个寓意，耐人寻味。人们希望这些珠宝挂件给佩戴者带来幸福、平安、好运。图案的寓意尽管烙有时代的旧痕，但我们可从中获得一种观赏的乐趣、情感的满足、美感的陶醉。

胸坠的款式有各种几何形、心形、桃形、水滴形等，宝石本身的

蓝色托帕石坠

白色翡翠坠

琢型有弧面的和刻面的，一般都用金、银镶嵌而成，外观小巧可爱，质量较好，可根据服饰的搭配而选择。

耳饰品

耳饰品是指戴在耳朵上的饰物，其中多见耳坠、耳环、耳钉。它可以通过耳饰的长短、形状、款式来调节人的视觉，达到美化形象的目的。

耳坠、耳环、耳钉是最能体现女性美的装饰品，最能体现现代人追求的时尚美。耳饰可以选购大而夸张的，也可以选精致小巧的，如小动物形、花形、几何形等。耳饰品可以满足年轻人追求新、奇、特的心理。过去，耳饰品必须打孔才能佩戴。现在有两种耳饰品不用穿孔就可以佩戴，一种是螺丝型，即耳朵两边就像拧螺丝一样拧紧就行；另一种是夹子型，就是像发卡一样打开夹住耳朵：可根据自己的需要选择。

有报道称佩戴耳饰品还有防近视的功用，因为耳部分布有许多穴位，戴耳饰品的耳垂中心恰恰处于眼睛的反应点——眼点。由于耳饰品的摩擦与重力作用，不断给眼点以刺激，从而能保护视力，避免近视。

碧玺耳钉

手串、手排及手链

手串：现在市场上的珠宝手串是最畅销的饰品，源于它的摘取自如和丰富多彩的颜色。手串就是把珠粒状宝石打眼穿起来，一般有十

满绿色翡翠手链

几粒，根据手腕粗细和珠子的大小，手串的珠粒数不同。手串是一种中性化的饰品，男女都可佩戴。种类有单色的、多色的。根据个人喜好可以选择不同的颜色。男士一般选择颜色深的、串珠状的宝玉石或琥珀，女士则选颜色鲜艳的，宝石的形状可根据个人气质、年龄、爱好选择。

珊瑚耳坠

手排及手链：主要是一些小的刻面宝石串在一起，可以多个方向排列。手排主要是女士佩戴，这些小的刻面宝石质量相对都比较好，还有是用金银镶嵌宝石戒面而成。购买这类产品时，宝石的颜色、款式是应该着重选择的。

手镯

手镯是一种戴在手腕部位的环形装饰品，深受东、西方女性喜爱。适合做手镯的宝石有水晶、玉石、珊瑚、象牙、琥珀。佩戴手镯使女性显得美丽高贵。而且很多人相信，珠宝养人，可护佑保平安。同时手镯与腕部肌肤直接接触，具有按摩保健的作用。

碧玺手排

手镯根据手镯条的横截面形状分为圆条手镯和扁条手镯。扁条手镯圈口的形状有圆形和椭圆形，其中椭圆形的手镯也叫贵妃镯。

贵妃镯的椭圆形状更接近人手腕的形状，因此更容易佩戴，而且

糯种翡翠手镯

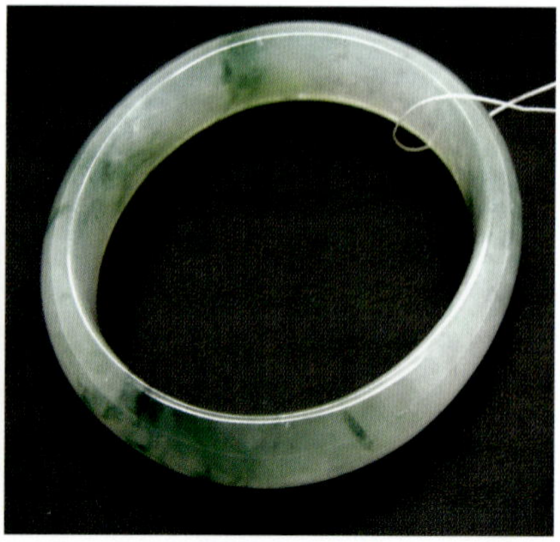

翡翠贵妃镯

白玉圆条手镯

不容易破碎。由于受到广大女性的喜爱，因此价钱要贵一些。市场上还有一种用特殊技法雕刻成麻花状的手镯，手镯条比较细，外观很漂亮。

圆条手镯的佩戴效果最好，价格也是最高的，在一些有名的拍卖会上出现的基本都是这种类型。扁条手镯的佩戴舒适性最好，也最流行，市场上的手镯大多属此类型。贵妃镯主要是制作成一些小圈口的，满足手腕比较细的消费者，尤其适合于年轻的时尚女士佩戴，显得手更加纤细、美丽。当然，就收藏来讲，圆条手镯最具潜力。

挑选手镯最主要的是看手镯上有无裂纹，裂纹是最忌讳的，尤其是垂直于手镯条体方向的裂纹。如果不小心买到带裂纹的手镯，日后和别的东西碰撞容易断裂。此外，还应注意选择手镯内径的大小，手镯的圈口不能太大或太小。过小不容易摘取，还会因紧贴腕部皮肤引起不舒适之感，甚至影响血液流通；过大则容易在手摆动过程中脱落而摔坏，而且不美观。一般以套上塑料袋或打上护手霜轻松带上为好。

珊瑚手镯

珠宝首饰保养

为了使自己心爱的珠宝能够长久保存，甚至传到下一代，必须小心呵护。大多数宝石在正常佩戴的情况下不会造成任何损坏。佩戴细小款式的手链和项链，在穿、脱衣服或整理头发时，动作尽量要轻，防止首饰断裂或使首饰变形。干活、洗澡时应将首饰取下，防止磨损、磕碰或拉拽。不管首饰的粗细都不要用力拉拽。

睡前最好取下首饰，以免首饰变形或折断造成不必要的损失。

金属首饰要单独存放，不要与其他金属饰品或物品存放在一起，以免互相摩擦、污染而失去首饰的美丽。

首饰戴久了表面发污、光泽暗淡，不再靓丽如初，钻石首饰可以拿到黄金珠宝专卖店或有信誉的首饰加工店去用超声波清洗、抛光或电镀，其他的首饰可以用肥皂水或中性清洁剂轻轻地刷洗，然后自然风干或用绒布、麂皮等擦干，即可佩戴。

经常要检查首饰品的链扣或连接地方有无断裂，及时发现，及时修补，以免丢失而遗憾。

红宝石、钻石坠

摆件与把玩件

随着人们生活水平的提高，过去只能皇家和权贵们拥有的珠宝玉石，已逐渐步入平常百姓家中。不仅女士可以佩戴，男士也可以拥有；不仅可以在家中摆放欣赏，也可以随身携带把玩。选购摆件和把玩件，主要从颜色、质地、工艺、大小、文化、预算方面来考虑。

紫罗兰翡翠雕件松鹤笔筒

颜色鲜艳：能做把玩件和摆件的宝石一般都是玉石和有机宝石，单晶体的彩色宝石只有海蓝宝石、水晶、碧玺、红宝石和黝帘石的集合体能雕琢成把玩件或摆件，其他宝石都由于粒度小而不适合做把玩件。颜色是第一重要的，颜色越鲜艳越好。一块玉石的颜色常常有主色和次色之分，主色美给人带来美感，使人精神愉快。如果玉雕师通过设计与琢磨，将主色和次色更加突出地表现出来(也叫巧用色)，则宝石的价值会得到更大的提升。

珊瑚雕件《寿星老》

质地优良：和田玉、翡翠把玩件硬度高、韧性好，在把玩件中占的比例最大。和田玉之美在于它有着与人体一样的油润的肌肤、幽雅的外表和丰富的内涵，承载着中华民族的文化和历史。翡翠之美不仅在于多彩的颜色，更在于它的细腻、温润和高贵的气质。而且随着你的不断把玩，玉质会更加温润亮丽。因此应选择质地细腻、干净的玉石或少瑕疵、通透的宝石为好。

雕工精巧：俗话说“玉不琢不成器”，没有经过打磨和雕刻的玉石与岩石没什么区别，

和田玉雕件《童子戏佛》

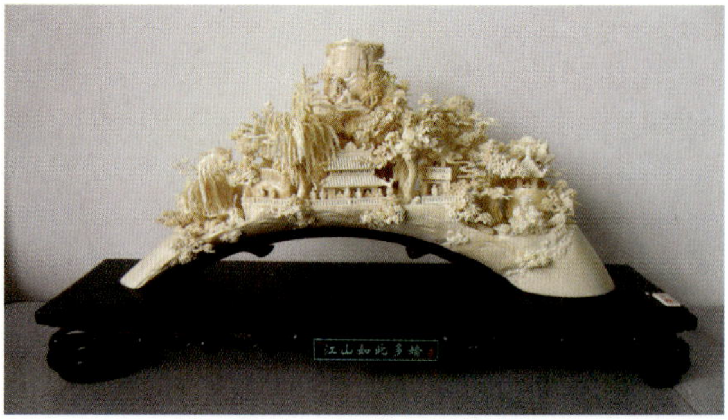

象牙雕件《江山如此多娇》

经过玉雕师的精雕细磨后则成为一件完美的工艺品，这就是雕工的魅力所在。所以雕工好可以达到化腐朽为神奇的效果，反之则不能给人带来美感。

寓意美好：每一件玉雕都有一个图案，即有一个故事。不同的图案又带有不同含义，可以根据个人的想法、期盼、爱好等选择图案，得到精神上的慰藉和满足。

总之，宝玉石雕件主要注重外形、玉质、雕工、寓意和把玩的手感。摆件、把玩件的玩赏因人而异。有人喜欢雕件的颜色，有人喜欢雕件的雕工，有人喜欢雕件的质地，有人喜欢雕件的创意，有人喜欢把玩件的寓意，仁者见仁，智者见智。

常见珠宝玉石

常见并不等于不稀有，只是人们讨论得比较多，关注得比较多。

本部分介绍的宝贝有：钻石、珍珠、红宝石、蓝宝石、祖母绿、金绿宝石、水晶、和田玉、翡翠、碧玺。其中，钻石、红宝石、蓝宝石、祖母绿、金绿宝石被称为世界五大珍贵宝石。

钻　石

关键词：宝石之王；世界五大珍贵宝石之一；4月生辰石；结婚的信物；结婚65周年或75周年纪念宝石

宝贝数据库

摩氏硬度：10

相对密度：3.52

折光率：2.417

认识钻石

钻石是指达到宝石级的金刚石。金刚石是一种天然矿物，是钻石的原石。过去，钻石是权利和地位的象征；今天，人们把钻石作为结婚的信物，把它看成是爱情和忠贞的象征，而且作为4月的生辰石。

钻石原石晶体形态多呈八面体、菱形十二面体、四面体及它们的聚形，晶面上有时有特殊的晶面花纹，如倒三角形、四边形等。金刚光泽，是所有宝石中光泽最强的。钻石的摩氏硬度为10，是天然矿物中硬度最高的。

钻石王冠、权杖

钻石是唯一一种集最高硬度、高折光率和高色散于一体的宝石品种，使得钻石具有美丽的光泽和火彩。钻石有各种颜色，根据颜色不同，钻石分为无色—浅黄（褐、灰）色系列和彩色系列。无色—浅黄色系列指无色、浅黄、浅褐、浅灰色，彩色是指黄色、褐色、红色、粉红色、蓝色、绿色、紫罗兰色、黑色等。钻石产量极少，而且非常难开采和加工。据有人初步统计，一颗钻石，从它的开采、分选、加工、分级、销售，最后到消费者手中，大约要涉及200多万人。所以钻石是非常珍贵的，

粉色钻石

男款钻戒

不愧为宝石之王。

钻石的化学性质很稳定，在常温下酸碱不会对其产生作用，但钻石有强的热导性和亲油性。钻石是依据其原石的外形而切割成各种不同的形状，最受大家欢迎的形状有圆形、椭圆形、心形、梨形、榄尖形、方形、三角形及祖母绿型。其中，圆形钻石是最经典的、最能完美体现钻石美的形状。

选购钻石

（1）选购钻石的原则

4C 级别：要知道钻石的价格和质量的好坏，首先就要确定钻石的 4C 级别，第一个 C 是钻石的颜色（colour），第二个 C 是钻石的净度（clarity），第三个 C 是克拉(carat)重量，第四个 C 是切工(cut)。颜色、净度、克拉重量、切工的英文的首字母都以 C 开头，所以简称 4C。

颜色：主要为无色带浅黄、浅褐或浅灰色调。大多数首饰级钻石为这一系列的钻石。钻石的无色、透明在习惯上称为白。无色不带任

彩色钻石

钻戒

水钻、苏联钻与美国钻

水钻：我国对一种工艺玻璃制成的钻石替代品的称谓。

苏联钻：我国对合成立方氧化锆的一种称呼。因前苏联人工合成了这种材料且最早进入中国而得名。

美国钻：一种合成钇铝榴石的别称。因最早由美国推出而得名。

Pt950 镶嵌钻戒

18K 玫瑰金群镶钻戒

Pt950 镶嵌钻戒

何色调的钻石颜色为最好，色调越深，颜色级别越低。

我国的国家标准将颜色划分为 12 个级别，在白色钻石分级里，最高的颜色是 D 色，然后是 E、F、G 等色，依次从高到低往下排列到字母 N。比 N 差的颜色级别为 < N。钻石市场上，颜色级别是 I～J 色的钻石最多。彩色钻石价值非常昂贵，而且市场中非常少见，不在钻石 4C 的分级中，价格也就无法评价了。

净度：在 10 倍放大镜下依据钻石内部所包含瑕疵的位置、大小和数量的不同来划分钻石净度级别，由高到低详细分为 LC、VVS1～VVS2、VS1～VS2、SI1～SI2、P1～P3。LC 级是无瑕级；VVS 级是指含有非常非常小的瑕疵；VS 级是指含有非常小的瑕疵；SI 级是指含有小的瑕疵；P 级是重瑕疵级，而且肉眼可见。瑕疵越多、越大，成像数量越多，所在位置越明显，则净度越差，价格也相应要降低。

克拉重量：钻石重量是以克拉为单位，1 克拉（ct)=0.2 克(g)。在颜色、净度、切工相同的情况下，钻石价格与重量平方成正比，重量越大，价值越高。平常说到的多少多少分就是把一克拉平均分成一百份，每一份就是一分(point)，钻石饰品价签上标的 0.20ct、0.50ct 就是

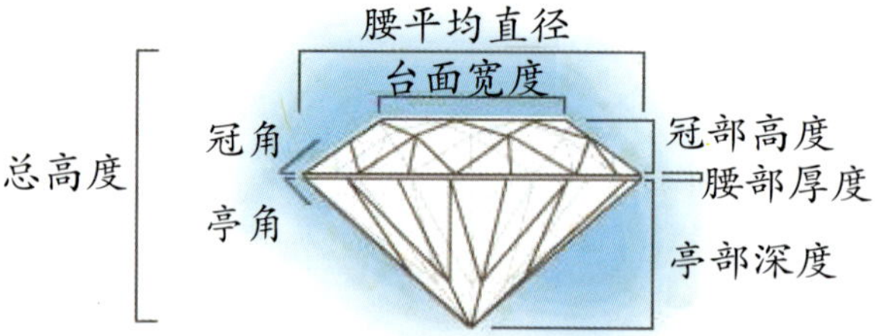

钻石结构示意图

所说的 20 分、50 分。钻石的重量和价格的变化是有一个级别范围的。如 0.30～0.39ct，0.40～0.49ct，0.50～0.69ct，0.70～0.89ct，0.90～0.99ct，1.00～1.50ct，用逗号隔开的是一个级别，不是一个级别的，就算差一分，价格也会相差很多，上了 1ct 的钻石就有飞跃式的增长。这就是为什么 1ct 钻比 99 分钻贵很多的原因，尽管重量只差一分，价格却差很多。

2ct 水滴形钻石

切工：钻石的切工在钻石的评价中是非常重要的。切工好能使钻石的美体现出来，能展示出绚丽的火彩，否则钻石不亮而且暗淡。切工包括切割比率、修饰度。切工级别由高到低依次是极好、很好、好、一般、差。

切工评价目前主要是针对标准圆钻型钻石。完美切工的钻石价钱要稍微贵一些，因为它的出成率比较低，一般具有完美切工的钻石价格比好的切工高 10%～20%。

除去标准圆钻型切工外，常见的几种花式切工有椭圆形、祖母绿型、梨形、公主方形、心形、橄榄形等。这些花式切工要根据个人的喜好而定。标准圆钻型钻石的价格是最贵的，其次为心形切工，方形价格低。选购钻石时，切工通常要在“好”以上。

钻石耳坠

每个钻石的 4C 级别不一样，价格就不同，关键是看自己喜欢重量大的还是喜欢颜色好的或净度好的。一般情况下首选颜色好

一点和质量大的。因为只有净度是 P 级的钻石，人们肉眼才能发现瑕疵，颜色和重量人们一眼就能感觉到。所以在经济情况允许的条件下，我们应该选择颜色好、重量大、切工在“很好”、净度在 P 级以上的就可以了。

光泽：钻石具有很特殊的金刚光泽，是宝石中光泽最强的。

钻石的外观形状和晶面花纹：没有经过加工的钻石毛坯，其外观常呈八面体、菱形十二面体或二者的聚形。八面体钻石晶体的晶面上常见有三角形生长纹，立方体的钻石常见正方形或长方形生长条纹，菱形十二面体则常见平行于对角线的凹槽。

火彩：由于钻石的折光率和色散值高，切工完美的钻石具有一种特殊的火彩。这种火彩是一种五彩，而仿制品的火彩则不是太强就是太弱。这个区别需要细心观察才能发现。

Pt950 镶嵌的钻戒

18K 黄金镶嵌的钻戒

18K 白金镶嵌的钻戒

亲油试验：由于钻石有强的吸油性，用油性笔在其表面划过会留下清晰而连续的线条，而在仿制品表面则会聚成一个个小液滴，不能出现连续的线条。

线条试验：将待测的宝石台面朝下放置在画好的一条直线上，如果是钻石，则看不到宝石下面的线条，否则是仿制品。

托水试验：在干净的宝石表面滴一个小水滴，如果是钻石，水滴保持的时间长；如果是仿制品，水滴则很快散开。

18K 白金镶嵌黄色、白色钻石坠

Pt950 镶嵌的钻戒

18K 白金群镶钻戒

切磨质量的观察：这是一种最直观简单的方法。由于钻石是一种贵重的宝石，硬度大，要求加工的质量很高，因而加工好的钻石看到的是各个小刻面平整、棱线锐利、小面与小面之间的接触点整齐划一。仿制品由于价格低廉，所以切磨质量往往很差，棱线圆滑。要是硬度更小的仿制品，棱线常常都被磨得很毛糙。

测密度：如果是未镶嵌的钻石，一个比较重要的检测方法就是测量钻石的密度。钻石的相对密度是 3.52，有别于其他的宝石或仿制品。

（2）购买钻石时需要注意的问题

由于钻石是极其昂贵的，所以市场上有很多低价的宝石或人工合成品冒充钻石。常见的仿冒品是无色的其他品种的天然宝石、合成钻石、合成立方氧化锆、莫桑石、钛酸锶、钇铝榴石、玻璃。钻石以其特有的光泽强、硬度高、密度大、色散强、折光率高可以和与其相似的宝石区别。

区别钻石与水晶：钻石的金刚光泽区别于水晶的玻璃光泽；钻石的相对密度（3.52）远远大于水晶的相对密度（2.64）；钻石有强的热导性，而水晶则没有。

区别钻石与托帕石：钻石的金刚光泽区别于托帕石的玻璃光泽；钻石的折光率大于 1.81，在折光仪上无法测得，而托帕石的折射率为 1.619～1.627；钻石有强的热导性，而托帕石没有。

区别钻石与合成立方氧化锆、钛酸锶、钇铝榴石：其实最容易相

钻石手链

钻石坠

混而且最常见的是钻石与合成立方氧化锆、莫桑石（合成碳硅石）、钛酸锶、钇铝榴石，这几种人工宝石都有类似于钻石的金刚光泽，肉眼一般不好区分，但合成立方氧化锆、钛酸锶、钇铝榴石无热导性，只要用热导仪一测便可区别：只要是钻石，热导仪便可发出翁鸣声，合成立方氧化锆、钛酸锶、钇铝榴石则无声。

区别钻石与莫桑石：莫桑石是与钻石最相似的宝石，这点是需要特别注意的。钻石和莫桑石都具有强的热导性，但莫桑石的相对密度为3.22，较钻石的小。莫桑石是六方晶系的宝石，因此宝石的棱线有重影；钻石是等轴晶系，无重影。市场上有一种专门用来检测莫桑石的笔，只要针头接触到待测的宝石，然后按下笔上的按钮，如果笔发出响声，则为莫桑石，否则是钻石。

区别钻石与合成钻石：合成钻石的特征是，颜色以黄色、橘黄色、褐色为主，晶形多为八面体与立方体的聚形，板状晶面上有树枝状、蕨叶状、阶梯状等图案。其内部可见到细小的铁和镍铁合金金属包体，这些金属包体呈长圆形、角状、棒状平行于晶体棱线或沿内部的生长区方向定向排列，或呈十分细小的微粒状散布于整个晶体中，可有平行的生长色带。合成钻石是比较难以鉴定的，所以消费者在购买钻石时必须向商家索取钻石的鉴定证书，这是最保险的方法。一般每一枚钻石

Pt950镶嵌的钻戒

18K紫金镶嵌的钻戒

或钻石饰品都有一个证书，相当于人的身份证，上面有钻石的详细信息，如钻石的质量大小、颜色级别、净度级别、切工级别。

呵护钻石

佩戴钻石饰品要经常检查一下镶嵌的钻石是否有松动现象，如果发现有松动，要及时进行维修，以免钻石脱落而丢失。钻石饰品怕强烈的撞击，受大的冲击后，钻石有可能出现大的羽毛状裂隙或缺口。钻石很容易沾油，佩带一段时间后，如果发觉钻石不亮了，可拿到专业店去清洗，或自己用毛刷沾中性洗涤剂清洗，洗完后，用不掉毛的布擦干或自然晾干即可。

珍　珠

关键词：6 月生辰石；佛教七宝之一；结婚 30 周年纪念宝石

宝贝数据库

摩氏硬度：2.5～4.5

相对密度：2.66～2.78

折光率：1.530～1.686

认识珍珠

当珍珠母贝和蚌贝在水中生长时，若偶然遇到细微的沙粒或较硬质的生物窜入壳中外套膜内，外套膜受到刺激后，分泌珍珠质逐渐包围由外窜入的沙粒或生物，从而形成珍珠。现在市场上在售的主要是养殖珍珠。

珍珠是由大量的无机质和部分有机质组成，为圈层结构，分为内部的珠核和外部的珍珠层。但无核珍珠是个例外，它没有中间大的珠核，基本上都是由珍珠质组成。珍珠的形状多种多样，有圆形、梨形、蛋形、泪滴形、纽扣形和任意形，其中以圆形为佳。颜色有白色、粉红色、淡黄色、淡绿色、淡蓝色、褐色、淡紫色、黑色等，以白色为主，但常常伴有其他色彩，也叫伴色。珍珠具有典型的珍珠光泽，为透明至半透明。一般珍珠在短波紫外光下显白色、淡黄色、淡绿色、蓝色荧光，黑色珍珠发淡红色荧光；X 射线下有淡黄白色的荧光。珍珠化学稳定性差，溶于酸、碱，遇盐酸起泡。用放大镜观察，在珍珠的表面有平行线状、平行圈层状、不规则条纹状、旋涡状等各种形态的花

纹，也有光滑无纹的。

选购珍珠

(1)选购珍珠的原则

选购珍珠主要从光泽、颜色、圆度、大小、珠面的质量、匹配等方面考虑。

光泽：人们常说“珠光宝气”中的“珠光”就是指光泽，光泽是珍珠的灵魂。好的珍珠表面光滑，可以看到晕彩，甚至可以映照出人的影像。

白色珍珠挂坠

黄色珍珠耳钉一副

黑珍珠戒指

颜色：珍珠的颜色是体色、伴色和晕彩的综合表现。颜色要依个人喜好、肤色、服装、环境等因素来选择。白色纯洁优雅，黑色神秘高贵，粉色纯洁浪漫，金色华贵雍容。珍珠的伴色有粉红色、蓝色、玫瑰色、银白色和绿色等。伴色叠加在体色上使珍珠的魅力大增。一般黑珍珠的伴色有绿色、蓝色；粉红色珍珠的伴色为玫瑰色；白色珍珠的伴色有玫瑰色、粉红色和其他颜色。

圆度：珍珠是唯一不需要经过人工切割和雕琢的天然宝石，其受生长时各种因素的影响会形成各种形状。中国养殖珍珠国家标准将海水珍珠的形状分为正圆、圆、近圆、椭圆、扁平、异形等。国际标准将珍珠分为圆形，椭圆形、扁平形和异形。其中圆形分为正圆、圆、近圆，椭圆形分为长椭圆、短椭圆，扁平形分为高形、低形两个类别。圆形珍珠是最为理想的，珍珠越圆，价格越高。商业俗称的走盘珠是圆度最好的珍珠，是指把一粒圆珠放在平的

各色珍珠项链

黄珍珠戒指

黑珍珠戒指

盘子中，珍珠会不停地滚动而不停止。

大小：珍珠的颗粒越大产出的量越少，因此古有“七分珠，八分宝”的说法。因而珍珠越大价格越高。

珠面的质量：珍珠珠面的质量是指珠层的厚度、珠面瑕疵的多少，一般珠层越厚，珠的质量越好。珠面的瑕疵主要有腰线、凹坑、病灶等，瑕疵越少，珠面越光滑。

匹配：无论是串成珍珠项链，还是与金、银、钻石等宝石搭配镶嵌，均讲求颜色、形状、整体效果等的和谐美。尤其是成套的饰品，要求珠的颜色、光泽、大小、形状等要有一致性。匹配越好，价值就越高。

(2)选购珍珠时需要注意的问题

识别染色珍珠：染色的珍珠有的是直接把珍珠放入某些化学溶液中进行染色，有的是将染料注入事先打好的孔洞中，使珍珠显色。鉴定珍珠是否染色需观察珍珠钻孔的地方、表面的裂隙、瑕疵处是否存在颜色聚集的现象和细小的颜色斑块。

识别塑料仿珍珠：塑料仿珍珠是在塑料的表面涂一层珍珠精液，外观色泽呆板，珠面为均匀的粒状结构，在钻孔处用针挑拨有皮脱落的现象，用牙蹭则打滑。

呵护珍珠

珍珠不能接触香水等有机溶剂，油、盐、酒精、发乳、醋也不能接触。夏天人体流汗多，也不宜戴珍珠项链，如果佩戴了，则要用柔软微湿的干净棉布擦拭干净风干保存，不

夏威夷金珊瑚、白珍珠戒指

黑珊瑚珍珠胸坠

可用任何清洁剂清洗。白色珍珠戴久了会泛黄，光泽变差，送到专业部门去进行漂白，就可恢复迷人的色泽。但如果颜色变黄很厉害，则难以逆转。

珍珠首饰应单独存放，以免其他首饰刮伤珍珠皮层。长期悬挂珠链会使丝线松弛变形，应将它平放收藏。

红宝石

关键词：世界五大珍贵宝石之一；7月生辰石；爱情之石；结婚40周年纪念宝石

宝贝数据库

摩氏硬度：9
相对密度：4
折光率：1.762～1.770

认识红宝石

红色的宝石就是红宝石？错！红宝石是指达到宝石级的红色刚玉矿物，而红色的非刚玉的宝石则不是红宝石。红宝石的颜色是红色到粉红色，鲜艳的红色是比较好的，最好的红色像鸽子的血液一样，俗称“鸽血红”，是宝中之宝。但是，大部分红宝石的颜色都是粉红色。红宝石质地坚硬，硬度仅在金刚石之下；透明至半透明；玻璃光泽至亚金刚光泽；二色性明显，常见的两种颜色有紫红与褐红、深红与红、红与橙红、玫瑰红与粉红。红宝石内部可见矿物包体、指纹状气液包

红宝石镶嵌手镯

红宝石戒指

红宝石配钻石坠

刚 玉

刚玉：自然界产出的化学成分是Al_2O_3的矿物，是红宝石、蓝宝石的矿物名称。

红宝石项链

红宝石、祖母绿坠

红宝石、祖母绿戒指

红宝石戒指

体、平直色带。红宝石可出现特殊光学效应，如星光效应，即在光的照射下会反射出迷人的六射星光或十二射星光。可能接触过宝石的人都听到过“十宝九裂”的说法，意思是指大多数宝石均有裂纹、绺裂等，特别纯净、完美的红宝石非常少见。

红宝石是“红色宝石之冠”，在历史上一直属于贵重宝石，甚至被认为是上帝创造的12种宝石中最珍贵的。

传说佩戴红宝石的人将会健康长寿、爱情美满、家庭和谐。基于红宝石浓艳的色彩，国际宝石界把红宝石定为“7月生辰石”，是高尚、爱情、仁爱的象征。人们又称其为爱情石，将其作为结婚40周年的纪念宝石。很多国家帝王的王冠都以红宝石为装饰品，如伊朗国王、俄国沙皇的王冠。在我国明、清两代，红宝石大量用于宫廷首饰，清代一品文武官员上朝时戴的官帽上仅限于使用红宝石。

佩戴红宝石饰品会给人热情洋溢的感觉，象征着生命力的旺盛。优质红宝石一直受收藏家所钟爱，因此供不应求。

选购红宝石

(1) 选购红宝石的原则

选购红宝石要考虑以下几个方面。

颜色：天然红宝石的颜色往往不是单一的红色，以红色为主，其间可能夹杂有微弱的黄色、粉色、紫色等附色调。最好的是颜色纯正且分布均匀的红色，其次为微带紫的红色，下面依次为较深的粉红色、紫红色、略带棕色的红色，其他如棕红色、发黑的红色、很浅的粉红色都是较差

长方形红宝石戒指

弧面型红宝石戒指

的红宝石。

粒度大小：红宝石粒度越大，价格越高。小颗粒的红宝石再好，价格也上不去。

火彩：是红宝石的透明度、切工、颜色的综合体现。从台面观察红宝石并轻轻转动，火彩在宝石冠部所占比例应大于 55%为好。而且以只看到一种颜色为最好，如能看到其他颜色，则说明红宝石在加工时的取向不正确。

瑕疵：红宝石的瑕疵主要有裂纹、气液包体、矿物包体。当这些瑕疵肉眼能够看到，或瑕疵的位置、数量、对比度影响到宝石的透明度时，宝石的质量就差。由于红宝石的裂纹较为普遍，因此应尽量挑选裂纹少而细的红宝石，特别是不要挑选裂纹穿过宝石中心的红宝石。

切工：市场上质量好的红宝石都加工成刻面琢型，一般都为椭圆混合的琢型，这种琢型最能体现红宝石美丽的颜色和强玻璃光泽，其次还有阶梯形琢型。如果红宝石加工成弧面琢型，一是因为含有特殊的包体，按照某一方向加

红宝石项链

弧面琢型红宝石坠

充填处理的红宝石

工成弧面琢型可显示星光效应，能够提升宝石的价值；二是若宝石的颜色好，但含有较多的裂隙、瑕疵，透明度差，加工成弧面琢型更能显示红宝石的颜色，减弱裂纹和瑕疵的明显程度。没有星光效应的弧面琢型红宝石的价格一般低于刻面琢型红宝石的价格。

加工成雕件的红宝石，一般块体较大，内部裂纹较多，而且外部还有一些岩石相伴生。比如，现在市场上出现的红色宝石黝帘石，其中很大一部分是红色刚玉，达不到红宝石的标准，但也有较好的市场价格。

如果是选购星光红宝石，就要选择星光的星线明显、细而且居中的。红宝石腰线以下不宜太厚，太厚的底部不仅会增加红宝石的重量，使你多付出许多银子，还会影响宝石的镶嵌。

（2）选购红宝石时应注意的问题

识别染色处理的红宝石：染色处理的红宝石是指将颜色浅淡、裂隙发育的红宝石放入有机染料中浸泡、加温使之染上颜色。鉴定特征是在宝石的裂隙中有大量的颜色聚集，而且染料有特殊的荧光，如橙黄—橙红色荧光。

识别充填处理的红宝石：红宝石裂隙发育，把充填材料填充到宝石的裂隙、空洞中，可以很大程度地改善红宝石的外观和价值。于是，不法商人就利用这种处理过的红宝石冒充天然的红宝石来赚取高额利润。主要鉴定特征：充填的裂隙处光泽明显低于红宝石主体的光泽，而且内部往往有气泡出现，部分还可见彩色的闪光效应。

合成红宝石

区别红宝石与红色石榴石：石

红宝石坠

榴石为均质体，无多色性，而红宝石多色性明显。紫外灯下，红宝石有红色荧光，而石榴石表现为惰性。用放大镜观察时，石榴石内部较洁净，红宝石内气液包体和固态包体丰富。

区别红宝石与红色玻璃：红玻璃为均质体，无多色性。用放大镜观察，红玻璃内可见气泡、旋涡纹等现象，有典型的贝壳状断口，棱线明显磨损。另外，玻璃密度小，手掂有轻感。

区别红宝石与合成红宝石：合成红宝石的成本低，早在1900年就已投入市场。与天然红宝石的主要区别是，合成红宝石有弧形、树枝状、栅栏状、网状、扭曲的云状、管状、熔滴状、彗星状、针状包体，波纹状、锯齿状的生长纹，种晶、气泡、多边形金属包体。

蓝 宝 石

关键词：世界五大珍贵宝石之一；9月生辰石；结婚45周年纪念宝石

宝贝数据库

摩氏硬度：9
相对密度：3.95～4.10
折光率：1.76～1.77

认识蓝宝石

蓝宝石和红宝石同属于刚玉家族的矿物，有姐妹宝石之称。蓝宝石是除了钻石以外地球上最硬的天然矿物，因为含有了微量的钛和铁元素而呈蓝色。蓝宝石除了蓝色以外，还有黄色、粉红色、橙色等，这些彩色系的刚玉族宝石被统称做蓝宝石，其中以鲜艳的蓝色为最好。在一定的条件下，蓝宝石可以产生美丽的六射星光，被称为“星光蓝宝石”。蓝宝石的颜色以印度产“矢车

帕德玛蓝宝石

色带明显颜色靓丽的蓝宝石

蓝宝石戒指配镶钻石

星光蓝宝石戒指

菊蓝”为最佳，是一种带紫色调的蓝色。蓝宝石最大的特点是颜色不均，可见深浅不同的六边形平直色带和生长纹；聚片双晶发育，常见百叶窗式双晶纹；二色性强，一般有深蓝色—蓝色、蓝色—浅蓝色、蓝绿色—蓝灰色，黄色蓝宝石有金黄色—黄色、橙黄色—浅黄色、浅黄色—无色等；光泽为亮玻璃光泽至亚金刚光泽；裂理发育。

由于彩色蓝宝石的颜色丰富，近年来受到日本和欧美国家消费者的欢迎。缅甸、斯里兰卡、肯尼亚、尼日利亚、南非等国都有彩色蓝宝石出产，其中最有名、最贵重的是斯里兰卡出产的粉橙色蓝宝石——Padparadscha（帕德玛）。橙色、紫色、绿色、黄色的蓝宝石如果颜色浓郁艳丽，价格亦不低。

国际宝石界把蓝宝石定为“9月生辰石”，象征忠诚与坚贞。西方人相信蓝宝石可以使君主免受妒忌和伤害。在中国清代，蓝宝石是三品高官的顶戴标志。宝石进入民间近百年来，蓝宝石也跻身于世界五大珍宝之列，是人们珍爱的宝石。今天，蓝宝石寄托着人们对幸福婚姻和未来的期望，被定为结婚5周年和45周年的珍贵纪念宝石，星光

各色蓝宝石群镶戒指

蓝宝石、钻石戒指

黄色蓝宝石戒面

深色蓝宝石群镶钻石戒指

蓝宝石则因代表“忠诚、希望与博爱”，以及它独特的星线被指定为结婚 26 周年的纪念宝石。中高档的蓝宝石目前主要在美国和欧洲市场销售，中国市场上的蓝宝石品种主要有：斯里兰卡、缅甸和非洲的蓝宝石，这三地的蓝宝石质量比较好；泰国的热处理的蓝宝石；中国山东的蓝宝石。

选购蓝宝石

(1) 选购蓝宝石的原则

蓝宝石的评价与选购因素是颜色、重量、透明度和净度。蓝宝石普遍存在的问题是颜色分布不均匀、色带较明显，所以要以颜色均匀、色带少为好。颜色以矢车菊蓝色为最佳，其次是深蓝色、浅蓝色、绿色和黄色。颗粒越大，价格越高。透明度越高越好，一般颜色越深，透明度越差，所以在选择蓝宝石的时候，透明度是非常重要的。越干净越好，如果有瑕疵，则应愈小愈好，一般以肉眼看不见为好。质量好的蓝宝石的价格与红宝石相差无几。透明度好、裂纹及瑕疵少的蓝宝石常常加工成刻面型，其中椭圆形刻面是最常见的；颜色好但裂纹和瑕疵较多的宝石则加工成弧面型。

如果选择星光蓝宝石，主要是看蓝宝石的颜色是否纯正，星线是否明亮、锐利、正中、完整，宝石内部瑕疵的多少，以及宝石的腰线

蓝宝石戒指

蓝宝石手链

蓝宝石坠

以下厚度的多少。腰线以下的厚度要适中，过厚则宝石的价格要降低。

(2) 选购蓝宝石时需要注意的问题

蓝宝石的仿制品主要有合成蓝宝石、合成蓝色尖晶石、蓝色钴玻璃。选购蓝宝石时，要注意其与仿制品的区分。

识别合成蓝宝石：与天然蓝宝石的主要区别是，合成蓝宝石有弧形生长纹、气泡，颜色过于鲜艳、均匀；蓝宝石则为平直生长纹、矿物包体，颜色分布不均。

识别合成蓝色尖晶石：合成蓝色尖晶石颜色均一，微带灰色，晶体呈八面体，折光率 1.728，相对密度 3.66，都小于蓝宝石，无二色性，且有酒瓶状包体。

识别蓝色钴玻璃：蓝色钴玻璃在查尔斯滤色镜下为红色，无多色性，密度小于蓝宝石，有时含有气泡。

祖 母 绿

关键词：世界五大珍贵宝石之一；5 月生辰石；结婚 55 周年纪念宝石

认识祖母绿

祖母绿的矿物名称为绿柱石，它是绿柱石家族中最珍贵的成员。祖母绿是一种铍铝硅酸盐，化学式是 $Be_3Al_2[Si_6O_{18}]$。祖母绿由于含微量元素铬呈现出鲜艳绿色，可略带黄色或蓝色色调，而由其他元素如铁致色的绿色绿柱石都不能称为祖母绿。晶体常呈六方柱和六方锥体，柱面上常发育有纵纹。具有玻璃光泽，透明到半透明；中等到强的二色性，一种颜色为蓝绿色，

宝贝数据库

摩氏硬度：7.5～8.0

相对密度：2.67～2.90

折光率：1.577～1.583

祖母绿与“绿宝石”

很多人把祖母绿称做“绿宝石”：祖母绿是绿色的，而且是宝石，因此祖母绿是绿宝石。但“绿宝石”这个名称不规范，是民间的称谓，国家标准中并无此名称。事实上，绿色的宝石有很多，除祖母绿外，翡翠、橄榄石、碧玺、蓝宝石、萤石、尖晶石、石榴石等宝石都有绿色的品种。

镶钻祖母绿戒指

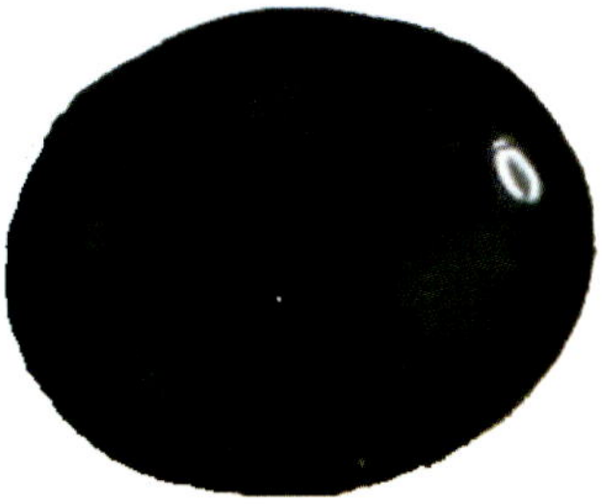

达碧兹祖母绿戒面

祖母绿晶体

另一种颜色是黄绿色。祖母绿的内部所包含的矿物包体有云母、黄铁矿、透闪石、阳起石、方解石、赤铁矿、长石等。此外还有生长时留下的环带和色带。

镶钻祖母绿戒指

当祖母绿内部矿物包体成针状、纤维状而且定向排列时，如果加工成弧面型，就可形成祖母绿猫眼或星光祖母绿。此外，祖母绿还有一种特殊的类型——达碧兹。达碧兹在西班牙语中的意思为“研磨蔗糖的轱辘”，因宝石中心有一六边形的核心，由核的六边形棱柱向外伸出六条绿臂，形成一个星状的图案，故得名。达碧兹祖母绿由于其特殊性质均琢磨成弧面型，而不是刻面切割。

传说，祖母绿能养眼怡神，古希腊人称它为“发光的宝石”。它代表幸运、财富、信义和永生，象征尊贵、美好和丰收。人们相信，祖母绿还能带给情侣们忠贞不渝的爱情。

波哥大宝石街

波哥大市中心有一条祖母绿街，云集了大大小小上百家首饰店和手工作坊，也汇聚了世界上最好的打造祖母绿首饰的工匠。在宝石街，人们经常能看到头戴巴拿马草帽的小贩，他们手里托着好几包祖母绿向路人兜售。不懂祖母绿的人千万不能随便从他们手里买宝石，很多看似美丽的宝石其实都是赝品。识别祖母绿的简单方法是：对着阳光看祖母绿，一般都会看到一些细小的裂纹，称为“断冈”。裂纹越少的祖母绿越好，如果一颗宝石毫无瑕疵，价格必定不菲。普通人最好到有信誉的商店购买祖母绿。

哥伦比亚祖母绿戒指

哥伦比亚最大的祖母绿 FURA

祖母绿被定为 5 月生辰石，是忠诚、仁慈和善良的象征，是赠送给亲友结婚 5 周年、55 周年的佳品。

祖母绿的主要产地有哥伦比亚、俄罗斯、乌拉尔、巴西、赞比亚、印度、南非、津巴布韦等。颜色是鉴定宝石品质优劣的重要因素之一。颜色翠绿的祖母绿是难得的佳品。有些祖母绿虽然通透，但是颜色不深；巴西出产的祖母绿颜色深，但不通透，因此价值都不高。我国的云南也产祖母绿，但颜色、净度较差。

祖母绿是哥伦比亚人的象征和骄傲，是哥伦比亚的国石，其储量占全世界的 95%。哥伦比亚是世界上最大的祖母绿和宝石饰品交易市场，每年的交易额达 10 亿美元。哥伦比亚的祖母绿大部分来自首都波哥大的 4 个矿场，其中，木佐的祖母绿产量最高，品质最好，被誉为“女神的眼泪”。哥伦比亚的祖母绿品质上乘，人们形容最好的祖母绿时说：“它好像能滴出油来。”这种宝石颜色呈深翠绿色，整体通透，闪闪发光，富有极强的生命力。

祖母绿项链

哥伦比亚祖母绿以其体积大、纯度高、活力强、色泽好而著称于世。如今，哥伦比亚祖母绿俨然已成为优质祖母绿的代名词，哥伦比亚祖母绿的等级标准就是全世界祖母绿的通用标准。一颗祖母绿的产地如被确定为哥伦比亚，那么，它的价格往往会较一般祖母绿高出 3～4 成。1ct 顶级成色的哥伦比亚祖母绿售价高达 1.8 万美元。

镶钻祖母绿戒指

选购祖母绿

（1）选购祖母绿的原则

37.8ct 祖母绿戒指

看颜色：由于祖母绿有着不同的品质，因此可以向不同阶层的人提供不同档次的饰品。优质和质地差的祖母绿其价格相差很大，有时十几倍，有时上百倍，这由很多因素决定。颜色在祖母绿饰品中是最重要的，颜色越浓越好，绿得要纯正，带黄色调的绿色要好于带蓝色调的绿色。弧面型和雕刻的祖母绿质量一般要差些，许多祖母绿颜色不均匀，需经雕刻处理，这样雕刻后颜色会显得好一些。目前我国的祖母绿销售数量比较少，质量范围也窄，还处在很初级的市场阶段。

看净度和透明度：由于祖母绿的裂纹、黑色包体等瑕疵比较多，所以祖母绿内部越干净越好。一般天然宝石内部多多少少都有一定的瑕疵，没有非常完美的，在购买时，应选择肉眼看不见瑕疵为好。透明度一般是随着宝石内部瑕疵的减少而增高。

看切工：祖母绿型切工最能完美地体现祖母绿的美。当然，各个加工面还要规整，对称度要好。质量好的祖母绿一般都采用祖母绿型切工，其次为椭圆形、圆形等。质量差或裂隙发育的祖母绿多数都磨

祖母绿方戒

祖母绿项链

祖母绿手链

祖母绿型切工

祖母绿型切工是一种多边形阶梯状切工，通常为长方形，边、角均有棱面，亭部和冠部较扁，底尖收成线状，亭部被切磨成长方形刻面，从而创造出独特的光芒。给人一种古典的感受，是古代典型阶梯切工的衍生加工方式。因常用于祖母绿切工而得名。

绿色萤石戒面

成弧面型或珠型。祖母绿的切磨角度也很重要，平行光轴方向切磨的祖母绿效果会好于其他方向的切磨。

在经济条件允许的情况下，尽可能买大一些的祖母绿，这样的祖母绿升值空间大。1ct 以上颜色好、切工好、无瑕疵的祖母绿具有比较高的收藏价值。

(2) 选购祖母绿时需要注意的问题

识别染色处理的祖母绿： 用绿色的染料将浅色的祖母绿或绿柱石染成美丽的绿色。鉴别方法是：沿着祖母绿的裂隙会有绿色颜料分布，而且呈蜘蛛网状；在长波紫外线下可呈黄绿色荧光。

识别充填处理的祖母绿： 在祖母绿的裂隙中充填有色油或用其他绿色玻璃、树脂充填，以掩盖祖母绿的裂隙或提升祖母绿的绿色。鉴别方法是：裂隙中可见气泡、闪光效应，或受热有绿色油渗出。

识别合成祖母绿： 目前市场上合成祖母绿比较常见。合成祖母绿的物理化学性质与天然的祖母绿很相近，比较难以区分。直观的鉴别方法是：合成祖母绿颜色浓艳，紫外线下有较强的红色荧光，滤色镜下呈鲜明的红色，宝石内部非常干净。当然最好是找具有鉴定资格的专业珠宝鉴定部门去鉴定。在珠宝的贸易中，不同的厂商都以自己的名称为品名进行销售。一定要注意，如果你购买了祖母绿，要看看购买的发票或证书中，祖母绿名称的前面是否有一些名称作为修饰语，如果有如林德、查塔姆等字样，那一定是合成的祖母绿。

区分萤石与祖母绿： 绿色萤石常偏蓝，与蓝绿色祖母绿很相像，但萤石色带发育，无多色性。萤石的折光率为 1.434，硬度为 4，均低于祖母绿；相对密度为 3.18，高于祖母绿；紫外线下具强荧光，有时具有磷光；发育四组完全解理。

绿玻璃仿祖母绿

查塔姆合成祖母绿戒指

区分玻璃与祖母绿：绿色玻璃是最像祖母绿的仿制品，可以达到以假乱真的效果。甚至内部的一些特征都可以做到非常相似，购买祖母绿时一定要谨慎。玻璃的折光率范围比祖母绿大，可以为1.43～1.70。玻璃是均质体，无二色性，内部可见气泡，祖母绿为非均质体，可以明显区分。天然祖母绿颜色多呈透明、鲜艳的翠绿色、带黄的绿色等，有一种绿绒绒的感觉，常见包裹体。

金绿宝石

关键词：世界五大珍贵宝石之一；好运的象征（猫眼石）

宝贝数据库

摩氏硬度：8.5

相对密度：3.71～3.75

折光率：1.746～1.755

认识金绿宝石

金绿宝石是一种氧化物，主要化学成分是氧化铝铍，化学分子式为$BeAl_2O_4$，原始形态常呈短柱状、厚板状出现。颜色为浅—中等的黄色、灰绿色、褐色—褐黄色以及很少见的浅蓝色。金绿宝石有三个变种：变石、猫眼、变石猫眼。变石又称亚历山大石，是金绿宝石具有变色效应的变种，在日光下为带黄色色调、褐色色调、灰色色调的绿色或蓝色色调的绿色，在白炽灯下为橙色或褐红色—紫红色；猫眼石具有美丽的猫眼效应；变石猫眼在日光下是蓝绿色，在白炽灯下是紫褐色。金绿宝石有三色性，透明至不透明，玻璃光

金绿宝石戒指

猫眼效应

猫眼效应是指某些弧面型宝玉石表面呈现一条明亮光带，光带随着宝玉石或光线的转动而移动的现象。

泽，贝壳状断口，韧性极好。金绿宝石的透明晶体少瑕，经过琢磨常是收藏的珍品。

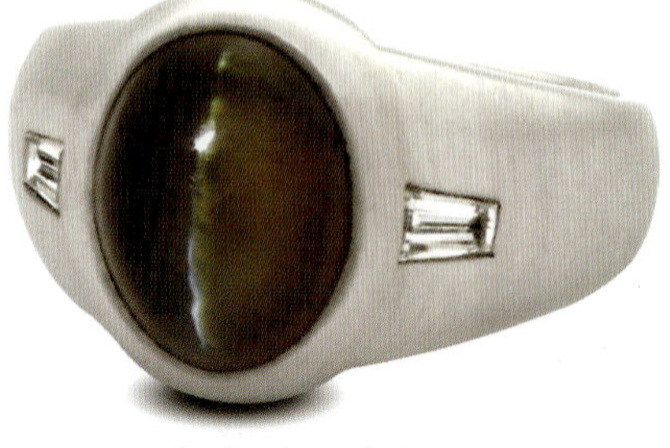

白金猫眼戒指

金绿宝石属于世界五大珍贵高档宝石之一。猫眼石不仅被认为有驱除妖邪的魔力，也被当做好运的象征。人们相信它会保护主人健康长寿，免于贫困。由于变石的红、绿两种颜色和俄国沙皇时代皇家卫队的主色一致，因此是当时俄国的国石，红、绿两色也成为尊贵和权力的象征。金绿宝石从古到今产量都极少，由于产量少，所以市场上较零散，只有一些具有独特审美观的人喜欢，还有一些高质量的被收藏家收藏。金绿宝石的市场主要是在印度尼西亚、中国台湾、欧洲和美国，在我国只有个别的专业珠宝店有这个宝石品种出售。

选购金绿宝石

(1) 选购金绿宝石的原则

选购猫眼宝石应从以下几个方面考虑。

颜色：猫眼的最佳色是蜜黄色，依次为深黄色、深绿色、黄绿、褐绿、黄褐、褐色。颜色越浅、褐色调越浓或呈灰白色，价值则越低。

眼线：猫眼的关键是看眼线，最佳的眼线应是光带灵活、锐利、居中、平直、完整，眼线与背景对比明亮清晰，还要伴有乳白与蜜黄的效果。一般情况下，透明度越高，眼线越不清晰；颜色越淡，猫眼效应越弱。猫眼效应的效果还与内部包体的排列、宝石的厚度、宝石

金绿猫眼石

18K 黄金镶钻猫眼戒指

黄色金绿宝石戒指

黄绿色金绿宝石戒指

绿色金绿宝石戒指

表面的弧度有关。另外，猫眼宝石的底面一般不抛光，以减少光的透过，从而增加光的反射，即“睁时宽，闭时尖”，就是把猫眼石放在强光下，随着宝石的转动，眼线会出现开与合的现象，犹如猫的眼睛在光线强弱变化时迅速开合一样。眼线开时应为 2～3 条，闭时为 1 条。由于最好的猫眼石产于斯里兰卡（旧称“锡兰”），也称“锡兰猫眼”。

大小： 一般只要猫眼的弧面高度和亭下厚度适当，重量增加一倍，价格则提高几倍。几克拉重的优质猫眼石十分珍贵，其价值与优质红宝石、优质祖母绿不相上下。

净度： 瑕疵、裂纹越少越好。如果有裂纹，不能在显眼的位置，否则价格大打折扣。

切工： 高质量的宝石在厚度、对称性方面应该是适度的，过厚或过薄都会影响宝石的价值。通常在宝石的腰线以下保留适当的厚度，并琢磨成椭圆形即可。有些商家为了更大限度地营利，尽可能地保留厚度和重量，使得下部太厚而难以镶嵌。所以有些珠宝商计算价格是以腰部以上的重量来考虑的。匀称程度也是评价猫眼石的重要因素。

猫眼戒面（眼线居中而且灵活）

普通金绿宝石主要受颜色、透明度、切工等因素的影响，其中透明度高、颜色为绿色、无瑕疵、无裂纹、切工好的金绿宝石价值较高，也最受欢迎。

变石的价值主要取决于宝石颜色变化的鲜艳程度。变色效应越明显，价值

变石

黄色猫眼戒指

越高。在日光下，颜色的好差依次为翠绿、绿、淡绿，越接近祖母绿色越好；白炽灯下颜色的好差依次为红、紫、淡粉色，越接近红宝石的红色越好。但实际上变石很少能达到上述这种效果的，多数情况下的绿是淡黄绿色或淡蓝绿色，而红则为不鲜艳的褐红色、紫红色。切工越好价格越高。高质量的变石应该是少裂纹和包体的。通常 1ct 以上的变石价值较高。

(2) 选购金绿宝石时需要注意的问题

区别猫眼与玻璃猫眼： 用玻璃仿猫眼是市场上最常见的。这种猫眼是用玻璃拉成玻璃纤维丝而做成的，眼线外观过于靓丽而且宽，给人以虚假的感觉，而且从侧面观察有方形或蜂窝状的结构，折光率、密度也比金绿宝石低很多。

区别金绿宝石与橄榄石： 橄榄石的颜色与金绿宝石比较接近，都是黄绿色，但橄榄石的折光率比金绿宝石低，且有睡莲叶状包体。

区别金绿宝石与碧玺： 碧玺的折光率和密度都比金绿宝石小得多，内部常见毛状裂隙。

区别金绿宝石与玻璃： 玻璃的硬度小，棱线容易磨损，内部可见气泡，折光率、密度都比金绿宝石小。

区别变石与变色萤石： 萤石的折光率和密度都低于变石，且解理发育。

区别变石与变色蓝宝石： 由于变石在市场上比较少，所以常见以合成变色蓝宝石仿变石。合成变色蓝宝石的折光率、密度高于金绿宝石，而且内部有弧形生长纹。合成变色蓝宝石在白光下为带紫色调的蓝色，在黄光下呈紫色。

水 晶

关键词：2 月生辰石（紫水晶）；佛教七宝之一；结婚 15 周年纪念宝石

宝贝数据库

摩氏硬度：7

相对密度：2.56～2.66

折光率：1.544～1.553

认识水晶

水晶的矿物名称是石英，化学成分为 SiO_2，常见白色、紫色、黄色、粉色、黑色、褐色等。水晶的晶体形状常呈六方柱和菱面体聚合形成的棱柱体，有时呈六方双锥体状或不规则状、扁平状。六方柱柱面有明显的横纹和多边形蚀像。透明到半透明，具有玻璃光泽。水晶在自然界经常以晶簇出现，造型美观。水晶内部常具有包裹体，有气液包体、气液固三相包体和负晶，常呈星点状、云雾状和絮状。液体包体可以形成水胆水晶；固体包体有针状金红石、电气石、阳起石等固体矿物。

选购宝贝

(1)选购水晶的原则

评判水晶的价值主要是从其颜色、透明度、块体、特殊图案及包体质地、加工工艺等方面进行，以颜色纯正、浓度较高、内部无暇为好。紫晶、黄晶价格较高，其次是烟晶、水晶和芙蓉石。有特殊包体和图案的水晶价格更高。

紫晶晶簇

含发丝状包体的水晶平安扣挂件

颜色：一般而言，紫晶和黄晶是水晶中价值较高的品种。一般颜色较深的价格高，但要

负 晶

负晶是指包裹体与本身宝石具有相同的形状，如水晶中包体具有与水晶相同的六方柱状与菱面体聚合形成的外形。

铜发水晶玉米

以不暗为标准。

有包体的水晶的颜色包括两部分：一是水晶本身的颜色，另一种是内部包体的颜色。水晶本身的颜色要艳丽、纯正，分布要均匀，不能太深或太浅。内含包体的颜色艳丽，其价格也高，如钛晶、绿幽灵、红兔毛。

透明度： 按照透明度指标，水晶越透明，价格越高，好的、透明的水晶加工出的成品晶莹剔透、光辉耀眼。透明度高的水晶能提升颜色的艳丽，否则显得呆板无灵性。

特殊图案及包体： 当水晶内含包体形成美丽的图案时，如幽灵水晶、风景水晶或针状包体呈束状排列等，其价值就高于普通的水晶。图案越美观、越有意境越好。含有肉眼可见的针状包体的水晶称为“发晶”，其价值取决于“发”——针状包体的颜色、罕见性及大小，一般是发色鲜艳、块度大的价格高。水胆水晶的价值主要取决于水胆及晶体的大小、透明度的高低。如果水胆较大并有一定形态，便可加工成较为珍贵的工艺品。

块体大小： 水晶的价值还与晶体的大小相关，同样的颜色和净度级别，块越大越难得。有时候质量级别虽然低一些，但晶体够大，价格也可能高于高级别的小晶体。在工艺水晶中，晶体较大的，可用来做水晶眼镜和雕刻高档工艺品，价格较高。

净度： 无色水晶以晶莹美丽、洁净透明著称，越纯、越透明越好，干净的、无瑕疵、杂质少的价值就高。

质地： 杂质、裂纹越少越好。质地好的水晶制品应看不到星点状、云雾状和絮状分布的气、液包体。

水晶雕件《童子观音》

精品紫晶把玩件

加工工艺：水晶虽比不上钻石、红宝石、蓝宝石高贵，但在加工中如果构思巧妙、具有创意、加工精细，同样具有很高的价值。

(2) 选购水晶时需要注意的问题

识别经染色处理的水晶：市场上常见对无色或颜色不好的水晶进行染色。鉴定特征：染色水晶有明显的炸裂纹，这些炸裂纹呈网格状分布。用放大镜仔细观察，颜色全部集中在裂隙中。

识别紫色萤石仿水晶：萤石的化学成分为 CaF_2，摩氏硬度只有 4，有明显的解理，折光率 1.434；水晶摩氏硬度为 7，折光率 1.544～1.553：这两点可明显区分。

识别无色方解石仿水晶：方解石化学成分是碳酸钙，硬度只有 3，有明显的解理；水晶硬度 7，无解理，贝壳状断口：可明显区分。市场上多用方解石球仿水晶球，可以观察是否有解理；或用小刀刻划，小刀划不动是水晶，划得动是方解石。鉴定原石可以滴盐酸，方解石滴上盐酸后冒泡，水晶无反应。

识别玻璃仿水晶：在市场上多见玻璃球仿水晶球。鉴别方法：一种方法是观测内部包体，玻璃中是气泡，水晶中是气、液包体或矿物包体；另一种方法就是在一张白纸上用笔画一条线，把球体放置在线上，然后转动球体，一边转动一边观察，如果在某一方向看到有双线的现象，那么这个球体是水晶球，否则是玻璃球。

黄水晶坠

水胆

水胆指在宝玉石中天然形成的封闭空间，内含水、气泡、固体杂质等内容。常见于水晶、玛瑙等矿物体中。

和田玉

关键词：软玉；中华民族的瑰宝；德的象征

宝贝数据库

摩氏硬度：6～7

相对密度：2.958

折光率：1.606～1.632

认识和田玉

和田玉在我国玉文化的历史长河中独占鳌头，在我国历朝历代中都被视为权利、财富的象征。从七千年前的新石器时代开始，和田玉就已经成为人们生活中不可缺少的部分：君子比德于玉；生者佩玉，死者葬玉……和田玉是中华民族灿烂文化的重要组成部分，是我们中华民族的瑰宝。

和田玉在矿物学中又称为软玉，主要由透闪石矿物组成，次要矿物有阳起石、滑石、蛇纹石、绿泥石、绿帘石、石英、白云石、磁铁矿等。化学成分是 $Ca_2Mg_5(Si_4O_{11})_2(OH)_2$–$Ca_2Fe_5(Si_4O_{11})_2(OH)_2$。软玉的矿物颗粒细小，结构致密，常形成毛毡状结构、显微叶片状结构、显微片状隐晶质结构等。颜色有白色、青色、灰色、浅至深绿色、黄色、褐色、黑色等。蜡状光泽、玻璃光泽和油脂光泽，半透明到不透明。韧

羊脂玉云纹鸡心佩（清）

和田玉手串

碧玉手串

性大，仅次于黑金刚石。和田玉是品种名，不具有产地的意义。和田玉的产地有俄罗斯、中国青海、加拿大、中国台湾、中国辽宁岫岩等，在市场上也叫俄料、青海料等。

和田玉根据产出环境的不同还分为山料、山流水料、子料、戈壁

棱角状

次棱角状

浑圆状

料。

山料： 又称山玉，指开采原生矿所得的玉料。山料的特点一般是整个矿体在山上或丘陵地带。开出的料块度比较大，棱角明显，断口或断面呈参差状。

山流水料： 指原生矿露出地表后经风化剥离崩落的残坡积或冰川搬用堆积的软玉矿床。一般距原生矿较近，原料呈次棱角状，磨圆度较差，有薄的皮壳，块度较大。

子料： 又名子玉、籽料，指原生矿经地质作用剥离后被流水搬运到河床中的玉石。它分布于河床及两侧阶地中，玉石裸露地表或埋于地下。子料的特点是块度较小，常为浑圆状、卵石状，磨圆度好，表面光滑，块度大小悬殊。子料在外表可有一层薄的皮壳，皮壳分无色和有色。有色皮壳颜色众多，以红褐色居多。

戈壁料： 软玉从原石矿床中自然剥离后，经风化搬运至戈壁滩上。这种软玉一般距离原生矿远，呈次棱角状，磨圆度较差，块度较小，表面有风蚀痕迹，无皮，虽然表面凹凸，但手感光滑。

子料

和田玉根据颜色的不同分为白玉、青玉、青白玉、墨玉、青花玉、碧玉、黄玉、糖玉。

白玉： 白色，可带黄、灰、青等色调。白玉中品质最好的称为羊脂玉，为羊脂白色，有时带少量糖色，质地细腻、坚韧，颜色均匀，典型的油脂光泽，无裂痕、杂质。羊脂玉现在在市场上已经很少见了。

青玉： 有青、深青、灰青、青黄等色，颜色

碧玉球形耳坠

柔和均匀，有时带少量糖色或黑色。青玉在和田玉中产量是最大的。

青白玉：颜色介于白玉和青玉之间，也可带少量糖色和黑色。

墨玉：颜色以黑色为主，一般要达到 60%以上。黑色多呈叶片状、条带状分布，可夹带少量白或灰白色。典型的特点是颜色分布不均匀，有时含有少量细粒黄铁矿，也称“金星墨玉”。墨玉的颜色是由于含有少量石墨鳞片所致。

青花玉：底色为白色、青白色、青色，夹杂黑色，黑色为点状、条带状、云朵状聚集。

碧玉：颜色以绿色为主，常见有绿、灰绿、黄绿、暗绿、墨绿等颜色，也常见有黑色点状矿物。现在碧玉手镯的价格比前些年翻了十多倍。

黄玉：颜色为淡黄到深黄，可微泛绿色，颜色柔和均匀。黄玉十分稀少，价值甚至不低于羊脂玉，主要产于新疆的若羌县。

糖玉：颜色有黄色、褐黄色、红色、褐红色、黑绿色等，一般糖色占到整件样品的 80%以上，在 30%～80%时可称为糖白玉、糖青玉等。糖色可薄可厚，也可沿裂隙分布。

青花玉鹅

选购和田玉

(1) 选购和田玉的原则

软玉的选购要从质地、颜色、光泽、大小、净度、工艺这几方面来考虑。

质地：质地越细越好，越细腻也就越滋润。若肉眼看不到颗粒感，则玉质就比较细腻了。质地致密、细腻、坚韧、光洁、油润、无或少绺裂为最好。

颜色：玉石的颜色要从色、浓、正、亮、纯、均入手，“色”是颜色的类别，“纯”是颜色的干

黄玉手镯

糖玉《童子戏佛》手把件

净程度，“浓”是颜色的鲜艳程度，“正”是颜色中不含其他杂色调，“亮”是颜色的明亮程度，“均”是颜色在玉石中分布的均匀程度。满足了颜色够鲜艳、够明亮、分布够均匀、够正、够纯净这几点就为佳品。颜色太深或太浅，带有其他杂色调，分布不均呈团块状或点状，都将影响玉石的价值。颜色艳丽柔和、纯正均匀为佳，白如羊脂者可称为羊脂玉，是极为稀少而珍贵的软玉品种。我们古代先民总结出了非常形象而精彩的说法：绿色的软玉要绿如翠羽，黄色的软玉要黄如蒸栗，青色的软玉要青如苔藓，黑色的软玉要黑如纯漆。

光泽：软玉大多为油脂至玻璃光泽，质量好的软玉应为油脂光泽，如油脂中透着清亮；最差的为蜡状光泽。

大小：玉石的块越大越好。

净度：瑕疵越少越好。软玉的瑕疵主要有石花、玉筋、石钉、黑点、绺裂等。

工艺：软玉的价值除自身材质外，还与软玉的加工工艺有很大的关系。软玉的工艺评价也是软玉评价的一个重要的组成部分。正所谓玉不琢不成器，从矿山上采到的软玉，如果没有经过雕琢加工，和普通的石头根本没什么区别。玉雕大师把自己的创作灵感和意境通过设计和雕琢体现在玉石上，就好像给玉石赋予了生命。材质、颜色取舍恰当，软玉的内、外部特征处理得体，主题明确，

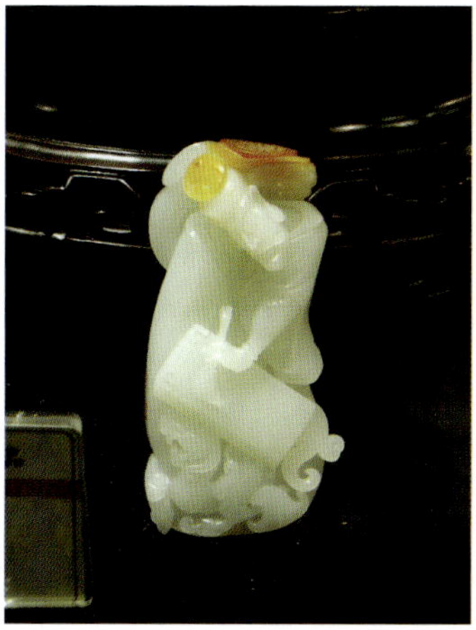

白玉雕件

青白玉《天伦之乐》

造型美观，构图完整，比例协调，结构合理为好。

(2) 选购和田玉时需要注意的问题

区别和田玉和蛇纹石玉：蛇纹石玉的主要矿物成分是蛇纹石，摩氏硬度为 2.5～6。蛇纹石玉的颜色以黄绿色为主，色较淡，分布均匀。其硬度、密度、折光率均低于软玉。

区别和田玉和石英岩玉：石英岩玉具有明显的粒状结构，相对密度为 2.55～2.71，折光率为 1.544～1.553，均低于软玉。

区别和田玉和汉白玉：汉白玉质地细腻、颜色洁白，在市场上也称为阿富汗玉，常常用来仿白玉。汉白玉的化学成分是 $CaCO_3$，矿物成分是方解石，硬度为 3，相对密度为 2.70，细粒状结构，条纹状构造，折光率为 1.486～1.7，玻璃光泽。这些可以很容易区别于软玉。当然还有一个破坏性的鉴定方法：汉白玉滴盐酸会起泡。

区别和田玉和透闪石化大理岩：透闪石化大理岩硬度、密度都比和田玉小，光泽弱。

区别和田玉和玉髓：最容易与和田玉相混的恐怕是白色和烟青色的玉髓。玉髓的结构细腻，由一种隐晶质石英组成，肉眼有时不宜鉴别。一般情况下，玉髓的透明度比较高，呈玻璃光泽；玉髓的密度小，所以手感较和田玉轻；玉髓的折光率低，硬度大于和田玉。

区别和田玉和玻璃：目前市场上仿和田玉的有白色和绿色两种玻璃。白色的玻璃一般为半透明到不透明，外观呈磨砂状，内部常含有气泡，断口为贝壳状；绿色的玻璃外观明亮，内部特征多见厥叶状结构。以上两者的折光率为 1.5 左右，相对密度 2.5 左右，明显低于和田玉。

墨玉《钟馗》

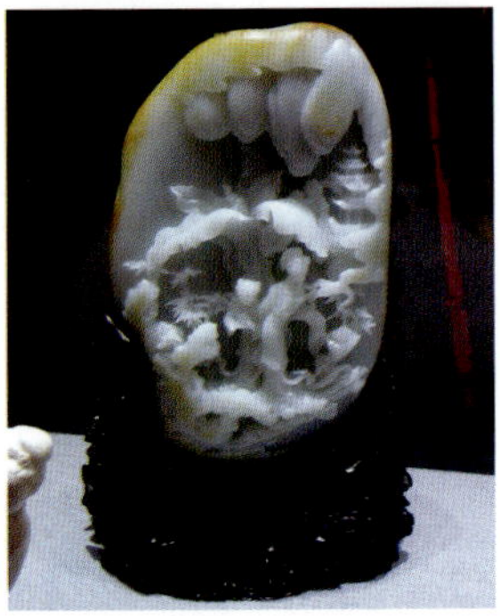

和田玉子料山子雕件

白玉《灵猴献寿》

山料磨圆染色冒充子料：部分商家将和田玉山料染色用来仿子料的皮色，主要有黄色、褐黄色、褐红色，特征是染色的软玉颜色过于鲜艳，而且多存在于表皮和裂隙中。

翡翠

关键词：红色为翡，绿色为翠；中华民族的最爱

宝贝数据库

摩氏硬度：6.5～7.0

相对密度：3.30～3.36

折光率：1.65～1.67

认识翡翠

翡翠是以硬玉为主的多种矿物的集合体，颜色有绿色、紫色、红色、黄色、无色、黑色及这些颜色的中间过渡色，红色在习惯上称为翡，绿色称为翠。具有玻璃光泽，透明到不透明。翡翠的透明度在商业上也称为水头，透明度好就说水头好或水头足，否则为水头差或干。常见结构有纤维交织结构、粒状纤维交织结构、粒状结构，有翠性。翡翠目前主要产于缅甸。翡翠进入我国的历史较短，只有几百年，但是它是一种高档玉石，在市场上已占到半壁江山。翡翠是东方人尤其是中华民族的最爱。

选购翡翠

(1)选购翡翠的原则

翡翠的价值由翡翠的颜色、质地、透明度、净度、重量、工艺价值几个方面决定。由于翡翠是多种矿物的集合体，即多晶体的集合体，同样的颜色，会有各种不同的质地、透明度；

三色翡翠挂坠

白色、绿色群镶翡翠戒指

翠 性

翠性是指硬玉矿物的双晶面和解理面的星点状、片状、针状闪光，俗称“苍蝇翅”或“沙星”。

白色翡翠坠

同样的质地，会有不同的颜色、透明度。因此，会有很大的差别，这就造成了人们常说的黄金有价玉无价。

颜色：颜色是至关重要的，当透明度、净度、质地相同时，有颜色的翡翠的价格高于无颜色的翡翠。颜色变化的微小差别，可引起翡翠的价格成几倍地变化。颜色好的翡翠，一般用作首饰品，其次雕琢一些把玩件或摆件。翡翠以绿为贵，翠绿中的高绿（也称高翠）更是价值连城。

绿色是翡翠的宝，珠宝界常依据“浓、阳、正、均”和“淡、阴、邪、花”这八个字来评判翡翠绿色的优劣。

“浓”，即绿色饱满、浑厚、浓重的程度，太浓或太浅的绿色都不是理想的颜色。高档翡翠的颜色浓度应该是中等到偏浓。

“阳”，翡翠绿色的靓丽程度，即绿色鲜艳、明亮、大方，是决定翡翠价值高低的关键因素，颜色越鲜，价值越高。观测翡翠的颜色应在上午 10～11 点或下午的 2～3 点的日光下进行。

绿色翡翠戒面

“正”，即绿得纯正，绿中不带蓝、青等杂色调。绿色的优劣顺序依次为：绿色、微带黄色的绿色、黄绿色、微带灰的绿色和灰绿色。

“均”，即绿色的均匀程度。不花不乱为“均”；反之若绿色呈点状、条状和块状等不均匀分布则为“花”。因翡翠是同种或不同种矿物的集合体，颜色很难达到均匀，一旦达到均匀，其价值就会很高。

反之，颜色不够“浓”则为

白 棉

白棉是指翡翠内部呈现的斑块状、条带状、丝状、波纹状的半透明、微透明的白色矿物。

玻璃地（翡翠观音）

冰地（翡翠佛）

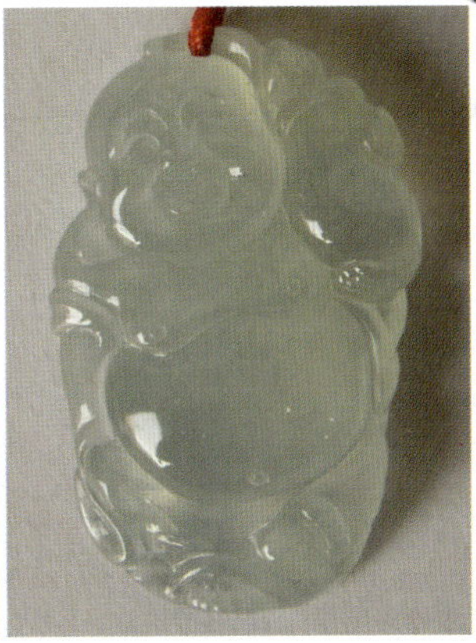

糯化地（翡翠佛）

“淡”，不够“阳”则为“阴”，不够“正”则为“邪”，不够“均”则为“花”。翡翠的颜色达到了前四个字反映的颜色标准为最好；如果反映的是后四个字，则翡翠的质量差。“淡、阴、邪、花”的程度不同，对翡翠质量的影响则不同。

净度：指玉石内部的纯净程度，即内部所含杂质和瑕疵的多少。透明度好的玉石可观察到内部所含的各种杂质和瑕疵。瑕疵更是影响玉石质量的重要因素之一，比如裂纹、绺裂、白棉。自古就有美玉无暇的说法，一块玉石中杂质越多，那么玉石的价值就越低。

透明度：又叫水头，是玉石质量的重要指标之一。透明度好，也叫水头好、水头足，透明度高的翡翠能将颜色衬托得更好、更滋润，其价值也越高。

大小：翡翠的块度越大，价值越高。翡翠的质量单位为克(g)或千克(kg)。

质地：地子，又称“种”，是决定翡翠优劣的重要依据，它是挑选与鉴别翡翠的第一个直观感觉。在翡翠的地子与颜色之间，有一种相互映照的作用。地子好的翡翠可使颜色浅的翡翠显得晶莹漂亮，使不均匀的颜色显得均匀，使结构不细腻的翡翠显得细腻。行内有句话：不怕没有色，就怕没有种。映照对翡翠的颜色起着很大的关联作用，好的映照会将翠色衬托得晶莹柔和，地子也会被映得润滑融和；反之则使翠色与地子显得强硬、生板，有种截然隔离的呆板感。所以映照

藕粉地（翡翠葡萄）

豆地（翡翠花生）

瓷地（翡翠竹节）

的好与否，直接影响到翡翠色彩的柔和程度。关于地子的划分在珠宝业界有一个不成文的标准，根据价格和质量从高到底依次有这么几种。

玻璃地： 完全透明，具玻璃光泽，纯净无瑕疵，无杂质，结构细腻，清澈，韧性强，像玻璃一样均匀，无棉柳或石花。在 10 倍镜下无矿物颗粒感。可以为无色，也可为有色。玻璃地与单晶体宝石类似，极少见石纹，若有杂质则多为棉絮渣状。内部常见发光现象，也叫起荧，是所有地子中的最高等级，不受颜色限制。

冰地： 顾名思义，其结晶清亮似冰或冰糖感觉，半透明至透明，给人以冰清玉洁的感觉。干净、质地细腻，不如玻璃地透。在 10 倍镜下无矿物颗粒感。无色或有色。冰地的特征是外层表面上光泽很好，其质地可见细微小石花、棉絮等。玻璃地、冰地是高档翡翠。若冰地翡翠中有絮花状或断断续续的脉带状的蓝色，则称为“蓝花冰”，是冰地翡翠中一个常见的品种。冰地玉料常用来制作手镯或挂件。无色的冰地翡翠和“蓝花冰”翡翠的价值没有明显的高低之分，其实际价格主要取决于人们的喜好。

糯化地： 质地要透不透，具有如熟糯米之细腻感，晶体犹如蛋清一般，水头足，半透明，在 10 倍镜下无矿物颗粒感。

藕粉地： 主要是指淡粉色的翡翠，质地较细腻，犹如藕粉之感觉。半透明，和糯化地非常相近，不同之处是有淡淡的粉色。

豆地： 肉眼能分辨柱状晶体，不透明，质地粗、干，如豆般不太通透，透度只入表面二分，常多棉柳、苍蝇翅、稀饭渣等，此地子在强光下照射一段时间易起小白花，敲击声音呈石声。绿者为豆绿，青者为豆青，产量多，饰品可加工成佩、镯、雕件，属低—中档。

瓷地和干地： 质地干而不润的白色或浅灰白色翡翠系列，质地较粗，晶体界线肉眼可见，不透明。简单地说，就是种粗、水干、不润。此品种无色或色浅，使用及观赏价值低，是一个低档次的翡翠品种。

(2) 选购翡翠时需要注意的问题

区分 A 货、B 货、C 货： 天然的、未经过人工处理，只经过简单机械加工和琢磨的翡翠为通常的“A 货”翡翠，经过浸蜡、热处理的翡翠仍然属于“A 货”；经过漂白、充填处理的翡翠叫“B 货”；经染色处理的翡翠叫“C 货”。B 货、C 货翡翠不管多么漂亮都没有保值功能，而且随着时间的久远会变得不再漂亮如初。但是 A 货翡翠也不一定质量都好，也有价格非常便宜的。

区分翡翠和钠长石玉： 国内钠长石玉又称“水沫子”，主要组成矿物是钠长石，纤维状或粒状变晶结构，半透明至透明，无翠性。折光率 1.52～1.54，相对密度 2.60～2.63，颜色常呈无色、白色、灰白色，在白色的底子上常见有白色的“棉”或“白斑”，像是水中翻起的泡沫，故而得名。有时见白底上飘蓝花。透明度好，但其相对密度、折光率和硬度均明显低于翡翠。

区分翡翠和染色石英岩玉： 石英岩玉俗称“马来玉”，主要矿物成分是石英，石英呈隐晶质或显晶质状态存在，有粒状结构、纤维状结构、隐晶质结构。绿色染料沿颗粒之间的缝隙分布，无翠性。相对密度是 2.55～2.71，折光率为 1.544～1.553，均小于翡翠。

区分翡翠和玻璃： 玻璃也称为料器，特点是绿色、半透明，具有大小不等的圆形气泡、漩涡状纹，贝壳状断口。折光率 1.4～1.7 不等，

翡翠山子

翡翠兰花

翡翠胸花

相对密度 2.0～4.7。有的玻璃经过脱玻化后，放大观察会看到内部有似棉状物，颜色分布有似粒状感觉，部分有蕨叶状结构，其折光率为 1.5～1.52，相对密度为 2.4～2.5，摩氏硬度为 5，均低于翡翠。

碧玺

关键词：电气石；吸灰石；10 月生辰石；慈禧的最爱

宝贝数据库

摩氏硬度：7～8
相对密度：3.06
折光率：1.624～1.644
1.627～1.657（黑色）

认识碧玺

碧玺是一种化学成分复杂的环状硅酸盐矿物，几乎可以出现自然界的各种颜色，甚至一个晶体上有两种或多种颜色，给碧玺带来了独特的魅丽。原始的晶形常为柱状，柱面发育纵纹，柱的横截面为球面三角形。具有稳定的双折光率（0.020）。透明—不透明，玻璃光泽。碧玺的多色性为二色性，而且非常强。红或粉红色碧玺的二色性是红和黄红；绿色碧玺的二色性是蓝绿和黄绿到深棕绿；蓝色碧玺的二色性是浅蓝和深蓝；黄绿色碧玺的二色性是蓝绿和黄绿到棕绿。碧玺可出现猫眼和变色效应。碧玺具有压电性和热电性，即加热或施压后在碧玺的两端可产生电荷。

镶钻粉色碧玺坠

玫红色碧玺坠

红色椭圆形碧玺戒指

黄绿二色碧玺戒指

镶碧玺胸花

多色碧玺戒指

群镶碧玺坠

选购碧玺

（1）选购碧玺的原则

碧玺在彩色宝石中可谓是绚丽多彩，它是一种中档宝石，选购时可从颜色、净度、切工、重量几个方面考虑。首先选颜色鲜艳和透明度好的，然后根据个人的经济状况选择一定的大小。

颜色：以鲜红色、鲜蓝色的碧玺价格最高，红绿双色和玫瑰红色、翠绿色的碧玺也非常好，价格较高。在选择镶嵌碧玺首饰时，以颜色均匀艳丽为好；在选购项链和手链时可以是单一色也可以是多种颜色，每粒珠子的颜色可以不同，搭配出红、黄、蓝、绿、紫等多种色彩艳丽的珠链。内红外绿的西瓜碧玺也较为珍贵。另外，碧玺猫眼也属于碧玺中的上品。

净度：碧玺性质比较脆，容易产生裂隙，同时内部会含有大量包裹体，这些都会影响碧玺的透明度、颜色和火彩，而内部十分纯净的碧玺也比较难得，属于佳品。在选购时，尽量挑选内部干净的。

绿色碧玺坠

切工：碧玺的切工是指它的切磨比率的精确性和修饰完工后的完美性。好的切工应尽可能地体现碧玺的亮度和火彩。比例恰当、对称性好、抛光好是好的切工的体现，切工不好则将会影响碧玺的价值。

重量：碧玺的重量以克拉计算。在其他条件近似的情况下，随着碧玺重量的增大，其价值呈几何级数增长；重量相同的碧玺，会因颜色、净度、切工的不同而价值相差甚远，每克拉从几十到几千元不等。

透明度：越透明质量越好，价格越高。不能有明显雾状的感觉。

(2) 选购碧玺时需要注意的问题

识别充填处理的碧玺：用来制作挂件、珠串状的手链和项链，或质量较差的手排、戒面的碧玺，由于其内部毛细裂纹多、透明度差，一些商家会在出售之前对其进行注胶处理以提高通透度，掩盖一些裂纹。做戒面的优质碧玺则不会进行注胶处理。经充填处理的碧玺的鉴别特征是在裂纹或坑洞中有气泡，或裂纹处的光泽明显不同于其他地方。

识别玻璃仿碧玺：玻璃可以仿冒所有颜色的碧玺，鉴别特征是玻璃为单折射，而碧玺为双折射，因此，观察碧玺刻面宝石的后棱线有重影，而玻璃则没有。一般玻璃制品的棱角都比较毛糙，有时放大观察会发现气泡。碧玺有较强的多色性，用肉眼或二色镜观察明显，而玻璃无多色性。

其他珠宝玉石

论名气，以下将要介绍的宝石可能远不敌钻石、珍珠、红宝石、蓝宝石等，但她们中的一些也曾经在珠宝收藏史上展现过辉煌。如红色尖晶石，多少年来她们都被误认为是红宝石，她们或见证过莫卧儿王朝的兴衰，或拯救过英王亨利五世的性命，或登上过女沙皇叶卡捷琳娜的皇冠……

绿柱石

认识绿柱石

宝贝数据库

摩氏硬度：7.5～8.0

相对密度：2.72

折光率：1.577～1.583

绿柱石是一种铍铝硅酸盐矿物，晶体常呈六方柱状，柱面上长有纵纹。颜色有无色、绿色、黄色、淡橙色、粉色、红色、蓝色、棕色、黑色。多色性弱至中等，玻璃光泽，透明到半透明，内部常见平行排列的管状包体和气、液包体，可见猫眼效应。绿柱石主要品种有海蓝宝石、绿色绿柱石、黄色绿柱石、粉色绿柱石、红色绿柱石、蓝色绿柱石，其中海蓝宝石、绿色绿柱石比较常见，其他则不多见。

绿色绿柱石晶体

黄色绿柱石晶体

海蓝宝石挂坠

选购绿柱石

（1）选购绿柱石的原则

绿柱石中最为珍贵的是海蓝宝石、金色绿柱石、粉色绿柱石和有猫眼效应的绿柱石。具体要从颜色、大小、净度、切工来考虑。颜色要纯正、鲜艳，越浓越好；净度要求干净、透明；要规整、对称性好、抛光好。海蓝宝石是市场上最常见的中档宝石，一般颜色偏浅，

海蓝宝石项链

所以购买时一定要选择颜色深的，越深越好。

(2) 选购绿柱石时需要注意的问题

区别托帕石和海蓝宝石：浅蓝色托帕石与海蓝宝石极为相似，一般肉眼很难区别，最好的方法就是测折光率或相对密度，二者差别很大。对于没有镶嵌的宝石，也可以用手掂，托帕石的相对密度大，有明显坠手的感觉，海蓝宝石则手感轻。

祖母绿型海蓝宝石

坦桑石

认识坦桑石

坦桑石的矿物名称为黝帘石，是一种钙铝硅酸盐矿物，晶体常呈柱状或板柱状。未经加热处理的黝帘石呈淡红紫色、淡黄绿色和蓝色，加热处理后的黝帘石呈带紫的靛蓝色。这种稀有宝石的最美颜色呈湛蓝色，有的略偏紫，有的从不同角度看去或蓝或紫或金黄。坦桑石美丽的蓝色是无法形容的，有人把浅色的坦桑蓝比喻成著名影星泰勒的眼睛。此外坦桑石还有褐色、黄绿色、粉色。具有玻璃光泽，有一组完全解理。多色性为强三色性，其中蓝色坦桑石的多色性为蓝色、紫红色和绿黄色；褐色坦桑石的多色性为绿色、紫色和浅蓝色；黄绿色坦桑石的多色性为暗蓝色、黄绿色和紫色。放大检查有气、液包体，阳起石、

宝贝数据库

摩氏硬度：6.5～7.0

相对密度：3.35

折光率：1.691～1.700

坦桑石戒指

群镶坦桑石戒指

坦桑石戒指

坦桑石戒指

石墨和十字石等矿物包体。

市场上的优质蓝宝石越来越紧缺，所以坦桑石可以是蓝宝石的替代品。

选购坦桑石

坦桑石的净度一般都比较好，因而选购时应选蓝色的和颗粒人一些的。

坦桑尼亚是坦桑石的唯一产地。坦桑尼亚矿业部长说：这是上帝对坦桑人民的赐予。据说在 1997 年，一个中国商人出 6 万美元买下一枚顶级的坦桑石，创下当时的天价。坦桑石在美国市场销路较好，而且市场价格已经升至与红宝石相当。近几年坦桑石的价格在坦桑尼亚国内也上涨了好几倍。

橄 榄 石

认识橄榄石

宝贝数据库

摩氏硬度：6.5～7.0

相对密度：3.27～3.48

折光率：1.654～1.690

橄榄石是一种岛状结构硅酸盐矿物，晶体形态常呈短柱状，集合体多呈不规则粒状。颜色是中到深的草绿色或橄榄绿色，玻璃光泽，半透明到透明，多色性不明显。密度随铁含量的增加而增大，脆性大，韧性较差，非常容易裂。优质橄榄石呈透明的橄榄绿色。放大检查下，橄榄石中常见有黑色铬铁矿和深红色铬尖晶石等包体，在固体包体的周围还常伴有盘状裂隙或气、

液包体，也称为“睡莲叶”状包体。

橄榄石戒指

选购橄榄石

（1）选购橄榄石的原则

橄榄石常用来做首饰，用于首饰上的橄榄石应完全透明，所含的包裹体及其他瑕疵应小至肉眼不可见。瑕疵多则价格低。颜色以中至深绿色为佳品，颜色要均匀，以有一种绿绒绒的感觉为好。在橄榄石中绿色越浓越好，黄色增多则价格下降。橄榄石一般多在 3ct 以下，3～10ct 的橄榄石相对少见，因而价格比较高，超过 10ct 的橄榄石就属于珍稀品。

由于橄榄石在绿色宝石中的单价不算高，一般每克拉在几百元左右，因此在选购上尽量挑选颗粒大一点的，颜色以深绿色为佳。最后还要看橄榄石的棱边是否有毛边现象，最好选棱边平直、切工规整完美的。

（2）选购橄榄石时需要注意的问题

尽管橄榄石的价格不算高，但近几年市场上橄榄石镶嵌类的饰品假的非常多，一般消费者用眼睛是看不出来的。这些假饰品一般都是用玻璃、合成立方氧化锆来制作。玻璃与橄榄石的区别主要是玻璃的折光率低，是单折射，有时可见气泡和糖浆状纹理。合成立方氧化锆的光泽是金刚光泽，相对密度大，为 5.6。

橄榄石坠

橄榄石晶体

橄榄石戒面

圆形月光石戒指

认识长石

长石是自然界分布最广的矿物之一，矿物种类很多，但能作为宝石的品种非常少。主要的宝石品种有正长石中的月光石，微斜长石中的天河石，斜长石中的日光石和拉长石。

月光石：是由于具有特殊的月光效应而得名。月光效应是指转动宝石时，在某一角度可看到白色至蓝色的发光效应，好似朦胧的月光。到目前为止，只有月光石具有这种效应。古代人认为佩戴月光石能给人带来好运，给人力量。月光石与珍珠、变石一同作为6月的生辰石，象征健康、富贵、长寿。月光石的颜色为无色至白色、红棕色、绿色、暗褐色，常有蓝色、无色或黄色晕彩，透明至半透明。月光石的相对密度为2.55～2.61，折光率为1.518～1.526，不同产地的月光石的相对密度与折光率值略有差别，但在实测中还是不容易区别。月光石内部具有独特的蜈蚣状包体，此外还有针状包体。

天河石：也称亚马逊石，颜色为蓝色至蓝绿色，透明至半透明，常含有斜长石的聚片双晶或穿插双晶而呈绿色和白色格子状、条纹状或斑马状。相对密度为2.56，折射率为1.522～1.53。

日光石：也称太阳石，或砂金效应长石，为红褐色，半透明。由于内部含有大量平行排列的金属矿物薄片，

白色月光石坠

日光石

天河石项链

常见赤铁矿和针铁矿，转动宝石时可以看到红色或金色的反光，即砂金效应。相对密度为 2.62～2.67，折光率为 1.537～1.547。

拉长石：相对密度为 2.65～2.75，折光率为 1.559～1.568，内部含有暗色针状包体、片状磁铁矿包体。拉长石中最重要的品种是晕彩拉长石，具体特征是当宝石转动到某个角度时，在宝石上可看到蓝色、绿色、橙色、金黄色、紫色和红色的晕彩，即晕彩效应。有时切磨方向正确还可产生猫眼效应。由于含有的铁矿物颜色深，也称为黑色月光石。芬兰产的一种具有鲜艳的晕彩效应的拉长石常被称为“光谱石”。

选购长石

(1) 选购长石的原则

由于长石的每一宝石品种都具有不同的特殊光学效应，因此长石的评价主要从特殊光学效应、透明度、切工这几个方面来考查。

特殊光学效应：长石的特殊光学效应决定了长石的品种，因而对长石的价值评判也是至关重要的。一般特殊光学效应越明显，价值就越高。在月光石中，具有蓝色月光效应的月光石比具有白色月光效应的价值高。拉长石中具有蓝色晕彩的拉长石最好，其次是黄色、粉红色、红色和黄绿色。日光石中具有金黄色砂金效应的为最好，颜色暗或浅的价值都不高。

拉长石戒面

猫眼月光石

猫眼日光石

橘色月光石

透明度： 日光石的透明度越高，价值越大。天河石以纯蓝色为最好，其次是稍带绿色的蓝，以透明度高、颜色纯正为最好。

切工： 切工对月光效应有影响，关系到月光效应的明显程度，这就要求弧面型宝石的高度、宽度和加工的方向都要较严格。其他品种则只要形状好、抛光好就可以。

(2) 选购长石时需要注意的问题

识别玻璃仿制月光石： 玻璃内部常含有气泡或搅动状构造，月光石则包含有矿物包体。

识别玻璃仿日光石： 玻璃仿的日光石，其砂金效应是在褐色的玻璃中放一些小铜片人工烧制而成。放大观察，内部的小铜片大小一致，而且亮度高。日光石中的片状矿物则大小、宽窄都不相同，而且金属的亮度也没那么强。

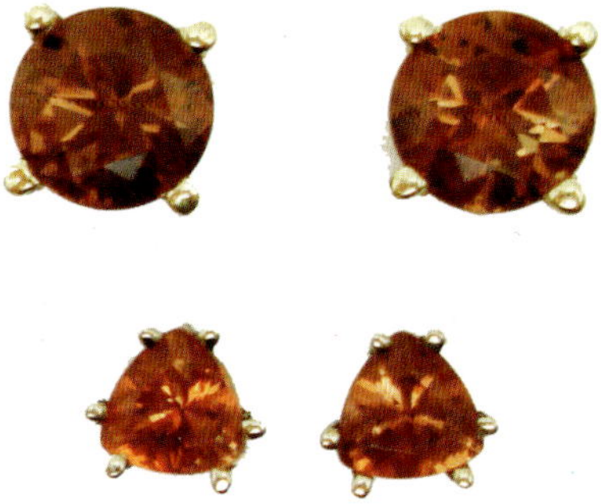

日光石耳钉

托帕石

宝贝数据库

摩氏硬度：8

相对密度：3.49～3.578

折光率：1.619～1.627

认识托帕石

托帕石为含水的铝硅酸盐矿物，晶体形态多呈斜方柱状，柱面常具纵纹，集合体形态为柱状、粒状、块状。托帕石的颜色有无色、酒黄色、蓝色、绿色、红色，强玻璃光泽，透明至半透明。托帕石发育有一组平行于底面的完全解理，所以必须防止切磨面与解理面平行。否则，很难打磨和抛光，镶嵌时也应小心，以免用力不当产生解理，破坏宝石的外形。包体常见为固体矿物包体和两种互不相溶的液体和气泡。托帕石性脆。在长、

短波紫外线的照射下，随着宝石颜色的不同而显示不同的荧光。托帕石的透明度好，内部洁净。

黄色托帕石戒面

选购托帕石

（1）选购托帕石的原则

托帕石以颜色、净度和重量作为评价依据。以颜色深、透明度好、块大、无裂隙为佳品。托帕石是一种既漂亮又便宜的中低档宝石。选购托帕石时要求颜色浓艳、纯正、均匀，透明，瑕疵少，重量大。价值最高的托帕石是红色和雪梨酒色（一种橙黄色），其次是蓝色，黄色托帕石在外观上和价格便宜的黄色水晶接近，无色托帕石的价值最低。

（2）选购托帕石时需要注意的问题

识别人工改色的托帕石：需要注意托帕石的颜色是天然的还是人工改色产生的。市场上大多数的蓝色和粉色的托帕石是由无色或褐色的托帕石经过辐射和高温处理而成。目前天然蓝色托帕石在国内非常少见，国际价格很高，经过辐照的蓝色托帕石价格则不高。用天然无色黄玉经辐射加温处理后的蓝色托帕石已经大量投入市场，其颜色艳丽，性质稳定，一切特性与天然托帕石基本上无差异，无法鉴别，但是商家在出售时应注明“改色黄玉”。

蓝色托帕石项坠

蓝色托帕石戒指

托帕石耳钉

黄色托帕石晶体

区别玻璃和托帕石：托帕石是天然晶体，具有良好的导热性，摸着会有凉的感觉，玻璃则是温的；在放大镜下，托帕石有时可见到互不相溶的液体组成的气液包裹体，而玻璃内往往含有圆形的气泡；托帕石的折光率、相对密度都明显高于玻璃。

石榴石

宝贝数据库

摩氏硬度：6.5～7.5

相对密度：3.5～4.3

折光率：1.734～1.940（钙系列）

1.710～1.830（铝系列）

认识石榴石

石榴石又称“石榴子石”，是一种化学成分比较复杂的硅酸盐矿物，根据化学成分的不同，分为铝质系列和钙质系列两大类，其中铝质系列的石榴石常见的品种有镁铝榴石、铁铝榴石、锰铝榴石；钙质系列的石榴石常见的品种有钙铝榴石、钙铁榴石、钙铬榴石、水钙铝榴石。一般折光率越大，则相对密度也越大。石榴石晶体形态呈菱形十二面体、四角三八面体或二者的聚形，集合体为粒状或块状。石榴石受成分影响呈现多种颜色，除了蓝色外，鲜红、翠绿、橙黄、粉紫和黑色的石榴石都有出产。石榴石根据色系的不同主要分红色系列、黄色系列、绿色系列。红色系列包括粉色、紫红、橙红；黄色系列包括黄色、橘黄、蜜黄、褐黄；绿色

系列包括翠绿、橄榄绿、黄绿。具有玻璃光泽至亚金刚光泽，断口为油脂光泽。呈透明至半透明，颜色越深透明度越差。石榴石可出现星光效应、猫眼效应、变色效应，星光效应多为四射星光，很少见六射星光。

石榴石坠

选购石榴石

石榴石拥有除了蓝色之外的各种各样的颜色，以紫红色的石榴石最为常见。其中艳绿色、鲜红色、黄色石榴石也很美丽。

(1)选购石榴石的原则

石榴石的选购以颜色、透明度、净度为依据。

颜色：颜色在评价石榴石中是最重要的，其中翠榴石由于颜色翠绿，在国际宝石市场上非常受欢迎，纯净无瑕、颜色鲜艳、晶莹剔透的翠榴石价值很高。优质的翠绿色铬钒钙铝榴石（又叫做沙弗莱石）可以和祖母绿相媲美。其次是橙色的石榴石、红色石榴石、暗红色的石榴石。红色、橙红色石榴石也很珍贵，橙色的石榴石（也叫锰铝榴石）近几年价格上涨较快。

透明度：红色石榴石由于颜色比较深，所以一般透明度较差，其他颜色的石榴石则透明度比较好。完全透明的石榴石是最好的。

净度：石榴石一般都比较干净，质量特别差的才会含有一些包体。

(2) 选购石榴石时需要注意的问题

现在市场上有用玻璃仿石榴石，不论颜色、相对密度还是折光率都比较接近石榴石，一般肉眼很难区分，需要去鉴定部门进行鉴定。

镶钻石榴石坠

绿色石榴石戒指

锰铝榴石

尖晶石

宝贝数据库

摩氏硬度：8
相对密度：3.60
折光率：1.718

认识尖晶石

尖晶石是一种镁铝氧化物，在自然界的产出状态常呈八面体晶形，有时是八面体与菱形十二面体、立方体形成的聚形。玻璃光泽至亚金刚光泽，透明至不透明。尖晶石有无色、粉红色、红色、紫红色、浅紫色、蓝紫色、蓝色、黄色、褐色、黑色等各种颜色。通常含有较多的包裹体，成层分布。红色或粉红色尖晶石在长、短波下有暗红色的荧光，蓝色尖晶石因为含铁元素而不发荧光。尖晶石中常含有呈八面体状的小尖晶石、柱状的锆石及磷灰石等固体包体及较多的气、液包体。有星光效应（四射或六射星光）、变色效应，但比较稀少。

选购尖晶石

（1）选购尖晶石的原则

颜色、透明度、重量、切工是评价与选购尖晶石的依据。颜色以鲜红色为最佳，其次为紫红、橙红、浅红色和蓝色。颜色纯正、鲜艳，透明度好，切工比例好的刻面型尖晶石是首选。有星光效应的尖晶石也较贵重。大而质量好的尖晶石较稀少，现在超过 5ct、质地好的都是宝贝。

尖晶石晶体

红色尖晶石戒面

尖晶石戒面

蓝色尖晶石

(2)选购尖晶石时需要注意的问题

尖晶石的仿冒品主要有合成尖晶石和玻璃。

区别尖晶石与合成尖晶石：尖晶石的合成方法主要有焰溶法和助溶剂法。直观的鉴定方法是合成尖晶石的颜色过于鲜艳、均一，而且干净，有时可见弧形生长纹，伞状、拉长状或异形状气泡。助溶剂法合成的尖晶石有助溶剂铂金属片残余。合成尖晶石的折光率为 1.728，高于天然尖晶石。

区别尖晶石与玻璃：玻璃内部含有气泡，尖晶石含有矿物包体。玻璃的硬度小，容易在表面造成一些磨损；而尖晶石的硬度较大，一般不容易出现磨损的现象。

珊　瑚

认识珊瑚

来自大海深处的珊瑚，形状似树枝，不透明或微透明，玻璃光泽至蜡状光泽，质地细腻。颜色有白色、奶油色、浅粉色、红色、深红色、橙色、金色和黑色，偶见蓝色和紫色。珊瑚根据组成成分分为钙质型珊瑚、角质型珊瑚和石灰岩质珊瑚。

钙质型珊瑚：主要由碳酸钙、有机成分、水等组成；折光率是 1.658～1.486，相对密度通常为 2.65，性脆易断裂；在纵切面上表现为颜色和透明度稍有变化的平行波状条纹；在珊瑚枝体上往往还有一些

阿卡红珊瑚《童子献佛》

MOMO红珊瑚仕女

小的虫穴，这是由于一些虫子在珊瑚上寄生而造成的，这一特征使得珊瑚有别于其他宝石。

角质型珊瑚：几乎全部由有机质组成；折光率是1.56，相对密度是1.30～1.50；横截面为同心环状结构，与树木年轮相似，纵面表层具有独特的小丘疹状外观。

石灰岩质珊瑚：主要由碳酸盐类组成；石性、密度、折光率与钙质型珊瑚相同；发声清脆，玻璃光泽，外观呆板不温润。

根据颜色，珊瑚分为红珊瑚、粉珊瑚、白珊瑚、蓝珊瑚、黑珊瑚、金珊瑚。钙质型珊瑚有红珊瑚、白珊瑚、粉珊瑚、海竹珊瑚；角质型珊瑚有黑珊瑚和金珊瑚；石灰岩质珊瑚主要有海绵蓝珊瑚和海绵红珊瑚等。

选购珊瑚

（1）选购珊瑚的原则

珊瑚的价值主要从颜色、块度、质地和做工精细程度方面来评价。

颜色：总体来说，有色珊瑚颜色要求鲜艳而纯正，白珊瑚以纯白色为最好。红珊瑚颜色越红越正越好，不同的红色价格不一样。颜色深红的珊瑚被称为“辣椒红”，即中国台湾、日本地区所谓的阿卡（AKA）红；暗红色的被称为“蜡烛红”；沙丁红的珊瑚是一种大红色，

红珊瑚树《亲亲两相好》

阿卡红珊瑚戒指

白珊瑚雕《白菜蝈蝈》

夏威夷黑珊瑚戒指

主要是产于地中海沿岸的意大利沙丁尼亚岛；肉红、橘红被称为 MOMO 红；颜色为桃红、粉红，质地细腻的被称为 ANGEL SKIN，即常说的“天使面”或“孩儿面”。在市场上，各种颜色的红珊瑚在价格上有一个比较公允的标准：阿卡红 > 沙丁红 >MOMO 红。市场上的珊瑚都是按克卖，根据块的大小和质量的高低，一克从几十到几千元不等，高的可达每克 2～3 万元。一般圆珠最贵，因为费料、质量要求高，一粒红色圆珠最高达十几万元。粉白、白色都是优质珊瑚。在目前的国内市场上，红珊瑚的价格最高，其次是粉珊瑚、白珊瑚。

块度：珊瑚越大越好。较大的珊瑚艺术品非常少见。研究资料显示，红珊瑚虫生长速度极为缓慢，需要生长 10～12 年才能繁殖后代。珊瑚虫群体一般每年生长不超过 1cm，成活 7 年以上的群体，其主干也不足 1cm 粗，故有“千年珊瑚万年红，万年珊瑚赛黄金”的说法。

质地：致密坚韧、无瑕疵为好，有空洞、白斑、白心者为次，多裂纹者价值低。

光泽：是判断珊瑚品质的一个原则，高品质的珊瑚一定具有很强的光泽，可达到玻璃光泽。活体珊瑚光泽明亮，死体珊瑚光泽暗淡。

工艺：造型美观、雕工精细的价值高。对于一些工艺品来说，一些有名的工艺大师的作品更是无价之宝。戒指和圆珠项链的价格视其

红珊瑚雕件

红珊瑚胸坠

大小和搭配而定，跨度从几千到几万元。珊瑚颜色分布不均，一件珊瑚饰品上若有白色斑点、白心或黑点，价格要打折扣。

(2) 选购珊瑚时需要注意的问题

购买时需要注意珊瑚是否进行过染色处理，尤其是红珊瑚，一般消费者是鉴别不出来的，必须向商家索要鉴定证书。

呵护珊瑚

夏天天气炎热时不宜佩戴红珊瑚饰品。珊瑚的化学成分是 $CaCO_3$，性质不稳定，遇到汗液中的酸性成分会产生化学反应，生成白色氧化钙覆盖在红珊瑚上。如果不小心佩戴了，最好的方法是用清水冲洗，把沾在上面的汗液清洗掉，不给它起化学反应的机会。如果已经生成了白色氧化钙颗粒，可先用清水冲洗，用软布擦干，涂上婴儿油，放置一晚即可恢复红色。如果没有洗掉，可进行重新抛光。珊瑚不宜多接触化妆品、香水、酒精、食盐、油污和醋等。

珊瑚的结构不致密、有孔隙，不宜用重液测相对密度或浸油法测折光率，以免污染。

珊瑚硬度小，收藏时应单独存放，以免被其他宝石划伤。佩戴时也尽量不要和硬的东西接触，反复摩擦会损坏珊瑚表面的光滑度和亮度。

防止长时间在太阳下暴晒和高温烘烤，以免失去水分和光泽，甚至褪色。

如果珊瑚首饰不小心弄脏了，用中性肥皂水或清水冲洗，然后拿干净棉毛巾擦干即可。

琥　珀

宝贝数据库

摩氏硬度：2～3

相对密度：1.08

折光率：1.54

认识琥珀

琥珀的主要元素是碳、氢、氧以及少量的硫，微量元素主要有铝、镁、钙、硅、铜、铁、锰等。它主要是由琥珀脂酸、琥珀松香

各种款式的琥珀手串、手排

虫珀

酸、琥珀酸盐和琥珀油等物质组成，含少量的硫化氢。琥珀能形成各种不同的外形，其原料形状有结核状、瘤状、水滴状或各种不规则形状。琥珀表面可见一些树木年轮或放射状纹理，有的表面呈砂糖状，砾石状的琥珀有一层不透明的皮膜。琥珀常产于煤层中。

琥珀在 150℃时开始变软，250℃时熔融，产生白色蒸汽。琥珀熔化后产生的气体有一种芳香味。琥珀易溶于硫酸和热的硝酸中，部分溶于酒精、汽油、乙醇和松节油中。琥珀的颜色有浅黄、蜜黄、黄至深褐色、橙色、红色、白色，少见绿色、淡紫色、蓝色。琥珀的原料为树脂光泽，有滑腻感，加工抛光后为树脂至玻璃光泽。琥珀从透明到半透明、不透明都有，长波紫外线下具浅蓝白色及浅黄色、浅绿色、黄绿色至橙色荧光，从弱到强。贝壳状断口，韧性差，外力撞击容易碎裂。琥珀的导热性差，所以琥珀不像其他宝石感觉发凉，而是有温感。

琥珀的内部常常包含有许多包裹物，主要有动物、植物、气液包体、裂纹等。琥珀包含的动物包裹体主要有甲虫、苍蝇、蚊子、蜘蛛、蜻蜓、蚂蚁、马蜂等，这些动物或是完整的或是残肢碎片；植物包裹体有种子、果实、树叶、草茎、树皮等；琥珀内部常见圆形和椭圆形气泡。

琥珀项坠豪华款

琥珀戒指

各色琥珀镶银手镯

选购琥珀

(1) 选购琥珀的原则

琥珀的选购应从颜色、块度、透明度、内部包裹物、净度、光泽这几个方面来考虑。琥珀颜色浓正、无杂质、无裂纹者为佳。琥珀真正的瑕疵有裂痕、坑洞、杂质。琥珀颜色以绿色和透明红色为最好；金珀是珍贵优质琥珀；蓝色琥珀稀少，为珍品。质量达到一定程度时，块度越大越好，透明度越高越好。蜜蜡通常比一般的琥珀价值高。最贵重的品种是包含昆虫的琥珀（虫珀），昆虫的清晰程度、形状大小、颜色决定了虫珀的经济价值。昆虫完整、清晰、形态栩栩如生、个体大而且数量多，则虫珀的价格高。

(2) 选购琥珀时需要注意的问题

识别再造琥珀：再造琥珀是用琥珀碎块熔结而成，颜色一般为橙黄色或橙色；天然琥珀的颜色有黄色、棕色、红色等。

再造琥珀常含有定向排列的扁平拉长气泡和明显的流动构造或糖浆状搅动构造；天然琥珀内的气泡为圆形，含有动植物碎屑。

在抛光面上，再造琥珀可见因硬度不同而表现出凹凸不平的界限。在荧光灯下，由于荧光的不均匀发现有粒状结构。

识别塑料仿琥珀：塑料的密度大于琥珀，在饱和盐水中下沉，而琥珀悬浮；用热针去刺样品，塑料有辛辣味，而琥珀有一股淡淡的松香味。

呵护琥珀

琥珀是一种娇贵的宝石，日常保养和保护直接影响到其质量和耐

蜜黄色琥珀雕件

琥珀摆件

久性。

琥珀不宜接触挥发性、腐蚀性的物质，要远离强酸、强碱。

琥珀的熔点低，易熔化，怕热，怕暴晒。

琥珀属有机质，易溶于有机溶剂，一般情况下不要用重液测相对密度和浸油法测折光率。不要接触喷雾型产品，如发胶、杀虫剂、香水等。

用中性清洁剂加温水浸泡，用手搓拭后以清水冲净，然后用眼镜布之类不掉绒毛的软布擦干即可，也可用湿布轻轻擦拭。不要使用超声波的首饰清洁机器去清洗琥珀，否则可能会将琥珀洗碎。

琥珀的硬度低，不要用毛刷或牙刷等硬物清洗琥珀，以免使其摩擦受损。与硬物摩擦会使其表面毛糙，产生细痕，应单独封装放置。正常的佩戴与把玩不会对其造成损伤。

琥珀在过于干燥的情况下易产生裂纹；尽量避免强烈波动的温差。

琥珀划伤后，在软布上轻轻擦拭后基本上能亮丽如初，滴上少量的橄榄油或是茶油轻拭琥珀表面，稍后用布将多余油渍沾掉即可恢复光泽。最好的保养方法就是佩戴，因人体含有油脂，可以滋润琥珀。

象　牙

宝贝数据库

摩氏硬度：2.50～2.75

相对密度：1.70～1.85

折光率：1.54 左右

认识象牙

象牙是象的獠牙，化学成分是磷酸盐和有机质的胶质蛋白和弹性蛋白。象牙一般呈弧形弯曲的角状，从牙尖到牙根逐渐变粗，但几乎一半长度是中空的，长度从几十厘米到两米。象牙的横截面呈圆形或近圆形，具有特别的旋转引擎纹理线，即两组交叉纹理线以大于 115° 或小于 65° 角相交组成的菱形图案；纵切面呈现近于平行的波纹线。象牙的主要颜色有白色、奶白色、瓷白色、淡玫瑰白色，偶见浅金黄色、淡黄色、黄

象牙扇子

象牙雕件

象牙佛珠

色、褐黄色。

选购象牙

(1) 选购象牙的原则

选购象牙要从颜色、块度、质地和做工精细程度等方面考虑。颜色罕见或白色，以色纯正、质地致密、坚韧、纹理线细者为佳，个体越大越白越好。非洲象牙以罕见的绿色为极品，亚洲象牙以淡玫瑰白色为珍品。质量大、做工精细者为优质品。颜色发黄、块体小、结构疏松的象牙价值低。

象牙《知了》

(2) 选购象牙时需要注意的问题

市场上有许多与象牙相似的品种：河马牙、一角鲸牙、海象牙、骨制品、棕榈坚果、疣猪牙、塑料等，其实仔细观察都与象牙有不同之处。

河马牙的横截面是密集排列的略呈波纹状的同心线。

一角鲸牙的横截面呈带棱角的同心环，而且是中空的；纵切面比象牙有更多的分枝。折光率为1.56，比象牙高。

海象牙很明显地分为内外两部分，内部有大理岩状或瘤状外观，结构粗糙。折光率1.55～1.57，相对密度1.90～2.00，都比象牙高。

象牙《如意佛》

骨制品具有空心管状构造。

棕榈坚果又叫植物象牙，其横切面上是蜂窝状结构，纵切面为平行粗直线。相对密度是1.40～1.43，比象牙低。这种棕榈坚果主要产于巴西、埃及和中非。

疣猪牙的波纹线较平缓，横切面为三角形，部分中空。折光率1.56，相对密度1.95，都比象牙高。

塑料制品无交叉纹理。其折光率1.50，相对密度1.25～1.50，均比象牙低。

呵护象牙

象牙在气温变化强烈、过于干燥时，会龟裂、老化，因此象牙制品的养护一定要注意以下几个方面。

象牙制品平时可置于软布盒中，存放环境应尽可能保持恒温。

象牙制品对湿度的变化尤其敏感，存放象牙制品时周围环境的相对湿度应维持在55%～60%。简单的做法是在其附近常放置一杯清水，不可以放在有风的地方。

象牙制品表面沾上灰尘，可用毛刷刷除，但若沾上油渍或顽固性污垢，则需要用温肥皂水轻轻刷洗，洗后及时擦干，以防器物翘起或张开。

象牙《福禄寿》雕件

石英质玉石

认识石英质玉石

玛瑙《螃蟹》

石英质玉石是以 SiO_2 为主要成分的玉石，在自然界品种繁多。石英质玉石按照结晶状态分为显晶质、隐晶质、非晶质。显晶质石英质玉石矿物颗粒大小通常小于 1mm，肉眼或用 10 倍放大镜可以看到颗粒；隐晶质石英质玉石则颗粒较小，用 10 倍放大镜看不到颗粒，只有用显微镜才能看到；非晶质主要指无矿物结晶体，如天然玻璃。常见的显晶质石英质玉石有东陵石、密玉、贵翠、京白玉等品种。隐晶质石英质玉石有玉髓、玛瑙、木变石（虎睛石）、硅化木（树化玉）。

东陵石：矿物成分主要为石英，次要矿物为铬云母，铬云母呈细小的鳞片状，且大致定向排列，分布比较均匀。此外含有微量的蓝线石、矽线石、金红石、赤铁矿、锆石等。东陵石呈鲜艳的油绿、碧绿色，粒状结构，玻璃光泽，半透明至微透明。相对密度 2.64～2.71，性较脆，质地致密、细腻。世界上出产东陵石的国家主要是印度，中国已在新疆发现东陵石。

石英质玉石把玩件

密玉：蓝绿色、绿色，因产自河南省密县而得名。密玉主要由石英、绢云母组成。

贵翠：绿色，一种含绿色高岭石的细粒石英岩玉，因产于贵州省亦称“贵州玉”。

京白玉：是白色质纯的石英岩玉，因最早用的玉料来自北京郊区

东陵石玉花

绿色玛瑙瓶

玛瑙雕件《人生如意》

而得名。

玉髓：是地壳里分布最广的石英隐晶质品种之一。呈团块状、皮壳状、钟乳状、块状产出，矿物颗粒极细，甚至在普通显微镜下也不易看清。颜色有乳白色、黄色、葱绿、苹果绿、暗绿、蓝、鲜红、深红、红褐等色，其中以绿色及蓝色为最美。玻璃光泽至蜡状光泽，微透明至半透明。摩氏硬度 6.5～7，相对密度2.57～2.64，一般为 2.60，折光率 1.535～1.539，质地致密坚硬。

玛瑙：是一种有条带状花纹的玉髓。玛瑙的颜色极为丰富，有“千种玛瑙万种玉”之说。按颜色划分为红玛瑙、紫玛瑙、黑玛瑙、白玛瑙等，其中以红色和蓝色为珍贵之色。还有含有苔藓状、树枝状杂质的苔藓玛瑙，含有水等液体的水胆玛瑙，具有晕彩效应的火玛瑙。玛瑙雕做成俏色工艺品，其价值很高。

木变石：是保留了石棉纤维状构造的石英集合体，因为它的颜色和纹理与树木十分相似而得名。木变石的质地细腻，具有强的丝绢光泽，不透明，摩氏硬度 6.5，相对密度 2.78，折光率 1.53～1.54，韧性较好。木变石的主要品种有虎睛石与鹰眼石，颜色是由石棉中析出的铁质沉淀在纤维状石英颗粒孔隙中间形成的。颜色分别为黄褐色、灰蓝色。虎睛石加工好后表面常见猫眼效应。

硅化木：又称树化玉，简单地说，就是树变成的玉。树化玉的外

台湾蓝玉髓手镯

蓝玉髓戒指

黄玉髓雕件

虎睛石手串

黑曜石手串

形是树，内质是玉。分为蛋白石硅化木玉髓或玛瑙硅化木、普通硅化木。颜色有浅黄、黄、黄褐、棕、黑、灰、白、红等。半透明至不透明。非均质集合体或均质体集合体。

黑曜石： 一种天然玻璃，为火山溶岩迅速冷却后形成的。黑曜石通常呈黑色、褐色、灰色、黄色、绿褐色、红色等。摩氏硬度 5～6，相对密度 2.36，折光率 1.48～1.51，透明至不透明。产地主要有美国夏威夷、日本、印度尼西亚爪哇、巴西以及墨西哥等。

选购石英质玉石

由于石英质玉石是一种中低档玉石，所以购买时只需选颜色鲜艳的、有特殊花纹的、创意独特的。

玛瑙《树洞与松鼠》

黑曜石

蛇纹石玉

宝贝数据库

摩氏硬度：2.5～6.0

相对密度：2.57

折光率：1.56～1.57

认识蛇纹石玉

蛇纹石玉的主要矿物成分是蛇纹石，次要矿物成分有方解石、滑石、磁铁矿、白云石、菱镁矿、绿泥石、透闪石、透辉石等。由于次要矿物的含量变化很大，因此对蛇纹石的质量有非常大的影响。蛇纹石常以细粒叶片状或纤维状隐晶质集合体状态出现。颜色为无色至黄绿色、绿色、深绿色、灰黄色、白色、棕色、黑色及多种颜色的组合。蜡状光泽至玻璃光泽，透明至不透明。硬度随着矿物成分的变化而变化。

选购蛇纹石玉

选购蛇纹玉石考虑的因素有颜色、透明度、质地、净度和块度。以绿色到深绿色、高透明度、无瑕疵、无裂隙、块大者价值较高。

岫玉《葫芦》雕件

岫玉雕《白菜》

淡绿色岫玉雕件

独山玉

宝贝数据库

摩氏硬度：6.0～6.5

相对密度：2.73～3.18

折光率：1.56～1.70

认识独山玉

独山玉是一种蚀变斜长岩，主要组成矿物是斜长石和黝帘石，次要矿物为铬云母、透辉石、绿帘石、透闪石、绢云母、黑云母、榍石、橄榄石、石英等。颜色有多种色调，以绿、白、杂色为主，也见有紫色、蓝色、黄色等。独山玉的化学成分变化大，随着组成矿物含量的变化而变化。以细粒状结晶矿物为主，颗粒比较细，粒径小于0.05mm，质地细腻，坚硬致密。常见的颜色有白、绿、紫、黄、红、黑色等，一般一块玉料上具有2～3种颜色。透明至半透明，玻璃或油脂光泽。放大观察有蓝色、蓝绿色或紫色色斑，颜色不鲜艳。

选购独山玉

颜色纯正，翠绿、蓝绿、淡蓝绿或白中带绿，质地细腻，无白筋、无裂纹、无杂质、无棉柳为佳。独山玉属中档玉料，优质的价格很高。

独山玉雕件《金钱财宝》

独山玉雕件《老少同乐》

独山玉山子

欧泊

宝贝数据库

摩氏硬度：5.0～6.0

相对密度：2.15

折光率：1.45

认识欧泊

欧泊是英文OPAL的音译，也称为澳宝。欧泊的主要矿物成分是蛋白石，化学成分是$SiO_2·nH_2O$，另有少量石英、黄铁矿。它是一种非晶质体，颜色由体色和变彩两部分组成，可出现各种颜色的体色，如白、深灰、蓝、绿、棕、橙、橙红、红色体色等。玻璃至树脂光泽。放大观察，色斑呈不规则片状，边界平坦且较模糊，表面呈丝绢状。有变彩效应，这也是欧泊石的鉴定特征。

欧泊根据体色分为黑欧泊、白欧泊、火欧泊、晶质欧泊。

黑欧泊的体色有黑色、深蓝、深灰、深绿、褐色等，以黑色最为珍贵，因为变彩的效果最好。黑欧泊出产于澳大利亚新南威尔士州的莱顿宁瑞奇，是最著名和最昂贵的欧泊品种。

各色欧泊

白欧泊呈现的是浅色的体色，主要出产于澳大利亚的库伯佩迪。白欧

变彩效应

是指由于宝石的特殊结构对光的干涉、衍射作用产生颜色，并随着光源和观察角度的变化而变化的现象。

黑欧泊

火欧泊戒面

泊不能像黑欧泊那样呈现出对比强烈的艳丽色彩，但色彩十分漂亮的高品质的白欧泊也时有发现。

火欧泊是一种无变彩或具有少量变彩的透明到半透明的品种，体色为橙色、橙红色或红色。

晶质欧泊是具有变彩效应的无色透明至半透明的欧泊。

选购欧泊

（1）选购欧泊的原则

黑欧泊是欧泊中的皇族，由于它的美丽和稀少，价格通常很稳定，是世界上最高品质的欧泊。白欧泊比较普通。如果晶质欧泊有漂亮的颜色，那也是比较昂贵的，譬如晶质黑欧泊。

欧泊的质量好坏主要考虑其颜色、变彩、净度、大小。总体来说黑欧泊比白欧泊价值更高。一个高质量的欧泊变彩要均匀、完全，无变彩的部分尽可能少。变彩的颜色越多越明亮越好，变彩的明显程度和色彩的鲜艳程度也是决定欧泊价格的因素。红色艳丽的变彩呈现在黑色背景上是最具价值的，红色越多越好，然后是橙色、黄色、绿色、蓝色。在购买欧泊时最好要求商家提供鉴定证书。

白欧泊

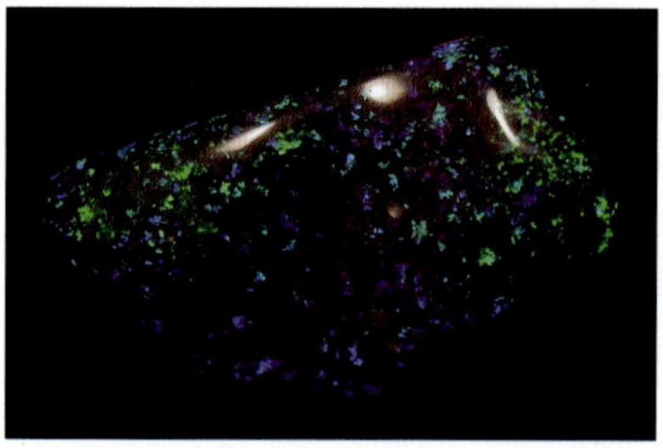

蓝绿色欧泊

在欧泊中不应有明显的裂痕和其他杂质，块越大越好。

(2) 选购欧泊时需要注意的问题

区别天然欧泊与合成欧泊： 天然欧泊的彩片是呈两头尖的纺锤形，彩片边界模糊不清；人工合成欧泊的彩片内部结构是六边形蜂窝状或蛇皮状，彩片边缘呈锯齿状。

区别天然欧泊与塑料： 塑料的折光率为1.48～1.53，比欧泊高；相对密度为1.20，摩氏硬度为2.5左右，都比欧泊低。具热塑性，加热后会软化，常见气泡。

区别天然欧泊与玻璃： 玻璃仿欧泊是把细小的有色金属片掺入玻璃中以替代欧泊中的色斑，放大观察可见到形状非常规则的金属薄片。玻璃内常有气泡和漩涡状构造，折光率为1.49～1.52，相对密度为2.4～2.5，都比欧泊高。

呵护欧泊

佩戴时应尽量避免与其他较硬的东西摩擦，不要与其他珠宝混在一起存放。

佩戴时不宜与火或高温接触，也不宜在日光下暴晒，在过于干燥的地区尽量少戴，原石最好置于水中保存。

绿 松 石

认识绿松石

宝贝数据库

摩氏硬度：5～6

相对密度：2.76

折光率：1.61～1.65

1.61（点测）

绿松石的主要矿物成分是绿松石，此外还经常含有埃洛石、高岭石、石英、云母、褐铁矿、石英等。绿松石是铜和铝的磷酸盐矿物集合体，以不透明的蔚蓝色最具特色，因此也叫绿松石色。也有淡蓝、蓝绿、绿、浅绿、黄绿、灰绿、苍白等颜色。绿松石质

绿松石戒指

绿松石耳坠

地不很均匀，颜色有深有浅，常含浅色条纹、斑点以及褐黑色的铁线。绿松石原石的外表状态通常呈块状或皮壳状隐晶质集合体，摩氏硬度 5～6，高品质的绿松石硬度高，灰白色、灰色、黄色、多孔隙的绿松石硬度较低，最低可达 3 左右。相对密度为 2.76，但致密程度差别较大，孔隙多者疏松，多孔绿松石可达 2.40。非均质集合体，放大检查常见暗色斑点、线状铁质或炭质包体。蜡状或油脂光泽，抛光后的平面可达玻璃光泽，优质绿松石经抛光后好似上了釉的瓷器，故称“瓷松石”。

选购绿松石

(1) 选购绿松石的原则

绿松石属优质玉材，选购主要从颜色、结构、净度、特殊花纹、块度大小几个方面考虑。

颜色： 颜色在绿松石的选购中是最重要的因素，要求纯正、均匀、鲜艳，最好的是天蓝色，其次为深蓝色、蓝绿色、绿色、灰色、黄色。

结构： 结构致密才会具有较高的密度和硬度。一般风化程度越重，绿松石的密度和硬度越小，质量越差。相对密度低于 2.4、摩氏硬度低于 4 的绿松石要经过优化处理才能使用。

净度： 绿松石常含有黏土矿物和方解石等杂质矿物，这些矿物都呈白色，既影响绿松石的美观，也影响绿松石的加工，这些白色物质越少越好。

特殊花纹： 绿松石中的铁线如果形成美丽的花纹，可以提高绿松石的身价。

块度： 块度越大越好，优质的绿

绿松石戒面

绿松石项链

充填处理的绿松石

松石块度可以小一些。

优质的绿松石呈鲜艳的天蓝色，颜色纯正、均匀，光泽强，半透明至微透明，表面有玻璃感，质地致密、细腻、坚韧，无铁线或其他缺陷，块度大为最佳。

(2) 选购绿松石时需要注意的问题

市场常见染色绿松石或注塑料绿松石仿天然绿松石。

识别染色绿松石： 颜色不自然，常呈深蓝绿色或深绿色。颜色渗入很浅，一般在 1mm 左右，且过于均匀，某些地方可能露出浅色的核，裂隙处颜色变深。用沾氨水的棉球擦拭可沾有蓝绿色。

识别注塑绿松石： 注塑绿松石包括无色和有色塑料的注入，不仅加深了绿松石的颜色，同时提高了绿松石的耐久度。注塑处理的绿松石折光率一般会低于1.61，相对密度一般小于 2.76，硬度一般为 3～4。如果用热针去扎绿松石会产生特殊辛辣气味。

红 纹 石

认识红纹石

宝贝数据库

摩氏硬度：3.5～4.5

相对密度：3.6～3.7

折光率：1.6～1.8

红纹石的学名叫菱锰矿，是近两年出现较多的宝石之一，市场上多见串珠状或弧面型的饰品。红纹石是碳酸盐矿物，常含有铁、钙、锌等元素，并且这些元素往往会取代锰，因此，纯菱锰矿很少见。红纹石通常为粒状、块状或肾状等集合体，颜色为红色，玻璃光泽，晶粒大，透明

红纹石耳钉

到半透明。颗粒细小、半透明的集合体则可作玉雕材料。红纹石属三方晶系，完整的菱面体晶形少见，具完全的菱面体解理。红纹石硬度较小，佩戴其饰品时一定要小心，以免碰伤划伤。

选购宝贝

主要看颜色的艳丽程度、透明度、瑕疵的多少。颜色艳丽、透明、少瑕为好。但还要注意与玻璃的区别，玻璃的密度比菱锰矿的小。

红纹石项链

红纹石坠

青金石

宝贝数据库

摩氏硬度：5～6

相对密度：2.38～2.45（纯）

2.7～2.9（一般）

折光率：1.5

认识青金石

青金石主要由青金石矿物、方解石、黄铁矿等矿物组成。青金石属硅酸盐中的方钠石族矿物，不透明，多呈致密块状、粒状结构。颜色为深蓝色、紫蓝色、天蓝色、绿蓝色等。含较多的方解石时有白色条纹，含黄铁矿时就在蓝

市场上低档青金石项链

青金石戒面

青金石雕件一组

底上呈现黄色星点，带有强的金属光泽。青金石呈玻璃光泽到蜡状光泽，断口参差状，在长波紫外光照射下具有绿色或黄绿色、红褐色荧光，滤色镜下呈淡红色，遇盐酸缓慢溶解。

青金石戒指

选购青金石

青金石男女都适合佩戴，以色泽均匀无裂纹、质地细腻有漂亮的金星为佳。如果黄铁矿含量较低，在表面不出现金星也不影响质量；但是如果金星色泽发黑、发暗，或者方解石含量过多在表面形成大面积的白斑，则价值大大降低。一般来说，纯蓝不带或微带金色黄铁矿的、质地细腻、不带白色条痕的青金石价值最高。

需要注意的是区分染色的青金石和染色大理岩仿青金石。染色青金石的颜色沿裂隙和缝隙分布。染色大理岩硬度小，小刀容易刻划，遇盐酸反应明显。青金石则硬度大。

苏纪石

宝贝数据库

摩氏硬度：5.5～6.5

相对密度：2.74

折光率：1.607～1.610

认识苏纪石

苏纪石是一种稀有宝石，被誉为南非国宝。苏纪石的矿物名称为硅铁锂钠石，颜色为深浅紫与紫红色、蓝紫色，少见粉红色，蜡状光泽至玻璃光泽，半透明至不透明，不平坦状断口。深紫色体色是主要鉴定特征，亮紫色是最优质的颜色。市场上多见串珠状或弧面型饰品，价格不菲。

选购苏纪石

以亮紫色为最好，颜色分布均匀、无石英等杂质为好。

苏纪石戒面

苏纪石项坠

苏纪石手镯

葡萄石

认识葡萄石

宝贝数据库

摩氏硬度：6.0～6.5

相对密度：2.80～2.95

折光率：1.616～1.649

1.63（点测）

葡萄石是一种硅酸盐矿物，常见颜色为绿色，但总体来说是绿色调为主带黄色或者灰色调，也有深绿、白、黄、红等色，透明和半透明都有。原石的形状有板状、片状、葡萄状、肾状、放射状或块状集合体。一组完全至中等解理，脆性较大，玻璃光泽，罕见猫眼效应。放大观察为纤维状结构，放射状排列。葡萄石也被人们称为“好望角祖母绿”。

葡萄石戒指

葡萄石坠

葡萄石项链

选购葡萄石

葡萄石近一两年来在国际上深受许多设计师的喜爱，以通透细腻的质地、含水欲滴以及鲜嫩的黄绿色为最好，白色、无色也很受欢迎。

蔷薇辉石

宝贝数据库

摩氏硬度：5.5～6.5

相对密度：3.40～3.75

折光率：1.733～1.747

1.73（点测）

认识蔷薇辉石

蔷薇辉石是硅酸盐矿物，在中国台湾被称为玫瑰石。蔷薇辉石晶体呈厚板状或板柱状，一般呈粒状或块状集合体。颜色为浅粉红至玫瑰红色，由镁元素引起，表面氧化后出现黑色的锰的氧化物、氢氧化物薄膜。玻璃光泽，三组近于互相垂直的中等到完全解理，一般为致密至细粒块状，半透明至透明。

蔷薇辉石戒面

选购蔷薇辉石

以玫红色为最好，黑色矿物越少越好。

蔷薇辉石平安扣

方形蔷薇辉石戒指

蔷薇辉石挂坠

孔雀石

认识孔雀石

孔雀石是一种含铜碳酸盐的蚀变产物，常与蓝铜矿等矿物共生，

宝贝数据库

摩氏硬度：3.5～4.5
相对密度：3.54～4.10
折光率：1.66～1.91

孔雀石原石摆件

结晶状态为钟乳状、块状、皮壳状、结核状和纤维状集合体。具同心层状、纤维放射状结构，颜色为绿色、孔雀绿、暗绿色等，具有色彩浓淡形成的条带状花纹，丝绢光泽或玻璃光泽，这种独一无二的美丽是其他宝石所没有的。不透明，性脆，贝壳状至参差状断口，遇盐酸起反应。它的韧性差，很容易碎，忌碰撞。孔雀石不能接触酸性物质，以免破坏其表面光泽。

选购孔雀石

选购孔雀石主要是看它的颜色和纹理，纹理越细腻，颜色越鲜艳，品质越上乘。

孔雀石项链

贵 金 属

严格意义上说，贵金属并不是珠宝大家族的成员，但鉴于市场上将其与传统珠宝一并谈论、销售，而且大部分珠宝饰品以其作为镶嵌材料，在此也将其放入珠宝行列进行阐述。

本部分介绍的宝贝有：黄金、白银、铂金、钯金。

黄　金

认识黄金

宝贝数据库

摩氏硬度：2～3

相对密度：19.3

熔点：1063℃

沸点：2808℃

黄金是一种贵金属，化学符号为 Au，黄金的颜色为金黄色，金属光泽，硬度小，用指甲都可划出痕迹，这种柔软性也使得黄金非常易于加工。然而这一点对装饰品来说又很不理想，因为这样很容易使装饰品被刮伤或磨损，使其失去光泽以至影响美观。因此，为了加大黄金的硬度，在黄金中加入其他一些金属来镶嵌宝石，这样就克服了纯金软而不耐磨和容易变形的缺点，而且镶嵌好的宝石也不容易脱落。黄金密度大，手感沉甸；熔点较高，“真金不怕火炼”；具良好的延展性，能拉成金丝和压成薄箔；具极高的导热性和导电性。纯金具有艳丽的黄色，但掺入一定量的其他金属后颜色则明显不同：含铜的合金呈暗红色，含银合金呈浅黄色或灰白色。黄金的化学性质非常稳定，具有很强的抗腐蚀性，在任何温度下一般均不氧化，也不与盐酸、硝酸、硫酸起反应，但在王水、碘化钾、氰化钾、饱和溴水等化学溶剂中溶解。

双喜金戒指

黄金手镯

镂空雕金手镯

选购黄金

黄金的纯度： 黄金的纯度也叫做“成色”，用“K金”来表示。把含金量100%的金称为24K，用100除以24，计算出每K的含金量为4.166666%。因此，9K含金量为37.5%，14K含金量为58.5%，18K含金量为75%，22K含金量为91.6%。在理论上100%的金才能称为24K金，但在现实中不可能有100%的黄金，所以我国规定含金量达到99.6%以上的黄金都能称为24K金。这几种K金含量为首饰的通用规格。

首饰的印记： 现在市场上的黄金首饰品都要求在饰品上打上贵金属含量，规定足金的含金量不小于990‰，千足金的含金量大于999‰。我国对黄金制品的印记和标志牌有规定，一般要求有生产企业代号、材料名称、含量印记等，无印记为不合格产品。通常用千分数表示，即Au375、Au585、Au750、Au916，国际上也是如此。但对于一些特别细小的制品也允许不打标记。

K金的颜色： 足金的颜色只有单一的黄色，K金的出现不仅改变了金饰品的硬度，而且改写了黄金单一色的历史。研究发现，在黄金中加入一定量的银、铜、钯、铁等金属可形成各种颜色的K金，有红色、橙色、白色、绿色，含金更低的K金还有灰色、蓝色、紫色、黑色。以18K金为例，绿色的K金是加入25%的银，浅黄色是加入16.7%的银和3.6%的铜，玫瑰色是加入12.5%的银和12.5%的铜，浅红色是加入3.6%的银和21.4%的铜，白色是加入5%的银和20%的钯。

呵护黄金

为保持黄金饰品的光泽，可在其表面薄薄地涂上一层指甲油。

用盐与醋混合成的清洁剂擦洗黄金首饰能使其历久弥新。

如果黄金首饰表面已有黑色银膜，可用牙膏或浓的米汤擦洗，使其恢复光泽。不可用硬物刮。

铂　金

宝贝数据库

摩氏硬度：4.0～4.5
相对密度：21.45
熔点：1773.5℃

认识铂金

铂金，人们也常称为白金。它比黄金、白银等更加稀少和贵重，因此铂金的价格在市场上比黄金要高。纯净的铂金呈银白色，具金属光泽，密度大，延展性强，可拉成很细的铂丝，轧成极薄的铂箔。强度和韧性都很高，熔点高，导热、导电性能好。化学性质极其稳定，不溶于强酸、强碱，在空气中不氧化。由于铂金产出稀少，价格昂贵，加上熔点高，因而一般国家很少用铂金来生产真正的K白金。

选购铂金

（1）选购铂金的原则

铂金首饰通常有Pt850、Pt900、Pt950、Pt990或Pt999(千足铂)的纯度标志，分别表示铂金（白金）含量为85%、90%、95%等。铂金首饰没有18K或750（即75%）纯度。不是白色金属都叫铂金，购买铂金要认准Pt标志！

铂金方戒

纯铂金是指含铂量或成色最高的铂金，其强度是黄金的两倍。纯铂金常用于制作订婚戒指，以表示爱情的忠贞和天长地久。常用铂金来镶嵌钻石，这样不会影响白色钻石的白度。

（2）选购铂金时需要注意的问题

铂金花戒

通常选用黄金和钯金或镍、银、铜、锌等金属熔炼成一种白色合金，并将它称为“K白金（白色K金）”。白色K金的主要成分是黄金，它不是天然白色的，而是加入其他金属后呈现出白色。白色K金不是铂金（白金），只有铂金才叫白金。白色K金首饰通常使用18K或750来表示其中所含黄金的纯度。

呵护铂金

不要将黄金戒指和铂金戒指戴在相邻的手指，以免两者相互摩擦使掉下来的黄金粉末覆盖在铂金表面使其变黄。

不要在搬运重物时戴铂金戒指，以免使其变形。

如果铂金饰品因长久佩戴而变暗或局部变色，可用毛巾沾上牙膏在其表面来回摩擦，待蹭去其表面细纹和污物后，再用稀释的清洁剂清洗，然后用清水洗干净，色泽即可恢复。

白 银

宝贝数据库

摩氏硬度：2.7

相对密度：10.538

认识白银

纯银是一种美丽的银白色的金属，化学符号 Ag，它具有很好的延展性，导电性和传热性在所有的金属中是最高的，有杀菌和防毒的功效。银是一种活跃的金属，容易与空气中的硫起化学反应而变黑。一般是加入物理、化学性质与银相近的铜元素，形成质地比较坚硬、抗氧化的色银。

选购白银

(1) 选购白银的原则

在银饰品中，银的纯度用千分数表示，有 925 银、80 银、98 银、990 足银和 999 千足银。925 银是指含银量 92.5%的银质品，它是纯银的最低标准。由于 990 足银和 999 千足银过于柔软并且容易氧化，925 银就被国际公认为纯银。

白银锁《龙凤呈祥》

白银花戒

白银麒麟锁

80 银：又称为潮银，英文标志为 800S，表示含银量 80%、含紫铜 20%的首饰银。这种色银硬度大、弹性好，适宜制作手铃、领夹、帽花、餐具、茶具、烟具或首饰上的扣、弹簧或针等类。

925 银：英文标志为 925S，表示含银量 92.5%、含紫铜 7.5%的首饰银。这种色银既有一定的硬度，又有一定的韧性，比较适宜制作戒指、别针、发夹、项链等首饰，而且便于镶嵌宝石。

98 银：英文标志为 980S，表示含银量 98%、含紫铜 2%的首饰银。这种色银较之纯银和足银质地稍硬，多用于制作首饰。

990 足银，999 千足银：英文标志为 990S，999S，这类银饰是所有银饰中纯度最高的，由于最为柔软，一般都做手镯或较大的戒指等传统工艺的银饰。

纯银：又称纹银，理论上纯银的成色一般不应低于 99.6%。目前现有的科学能够提炼的最高纯度为 99.999%，含量低于这个级别，大于等于 99%的白银，我们称做足银。

（2）选购白银时需要注意的问题

学会区别925 银、素银、泰银、藏银与假银。

925 银：由于银有在氧化或硫化的情况下变黄变黑的特性，常在 925 银外镀铑，能够最大可能地延缓银的变色。业界把没有外镀铑的 925 银称为“素银”，现在市面上出售的 925 银有很大比例用的都是素银。

泰银：925 银的含量，用特殊工艺做成一种“古”、“旧”的“古银”效果。比起 925 银外镀白金的银饰，它的价格会高一点。

藏银：一般不含银的成分，是铜镍合金的雅称。传统上的藏银为 30%银加上 70%的铜，在市场上已很少见了。

假银：用其他金属制造的，在外镀一层银。

呵护白银

银化学性质很活跃，容易与硫发生反应而变黑，因此在接触过硫磺香皂后应马上擦干。

远离一些化学品，譬如酸性和碱性较强的物质或香水。

汗水中的氯化物对银亦有影响，因此天气炎热时应尽量少佩戴银饰品。如果被汗水浸染，应马上擦干。

钯 金

> **宝贝数据库**
>
> 摩氏硬度：4.0～4.5
>
> 相对密度：12
>
> 熔点：1555℃

认识钯金

钯金与铂金一样，是铂族元素中的一员，元素符号为 Pd。外观与铂金相似，呈银白色金属光泽，密度低于铂金。比铂金稍硬，延展性强。化学性质较稳定，不溶于有机酸、冷硫酸或盐酸，但溶于硝酸和王水，常态下不易氧化或失去光泽。

选购钯金

钯金比铂金轻，价格也低于铂金。钯金首饰品的标记是“Pd”或“palladium”，并以纯度千分数字来表示,如 Pd990 表示纯度是 99%。其规格标志有 Pd999、Pd990、Pd950。

呵护钯金

最好单独佩戴，以免相互磨损。

尽量避免挤压、碰撞、拉扯，不戴时应单独存放。

应尽量避免接触漂白或刺激性化学品。

如果出现肉眼可见的划痕，应拿到有修理资质的珠宝店进行抛光。

钯金戒指

钯金花戒指

钯金戒指